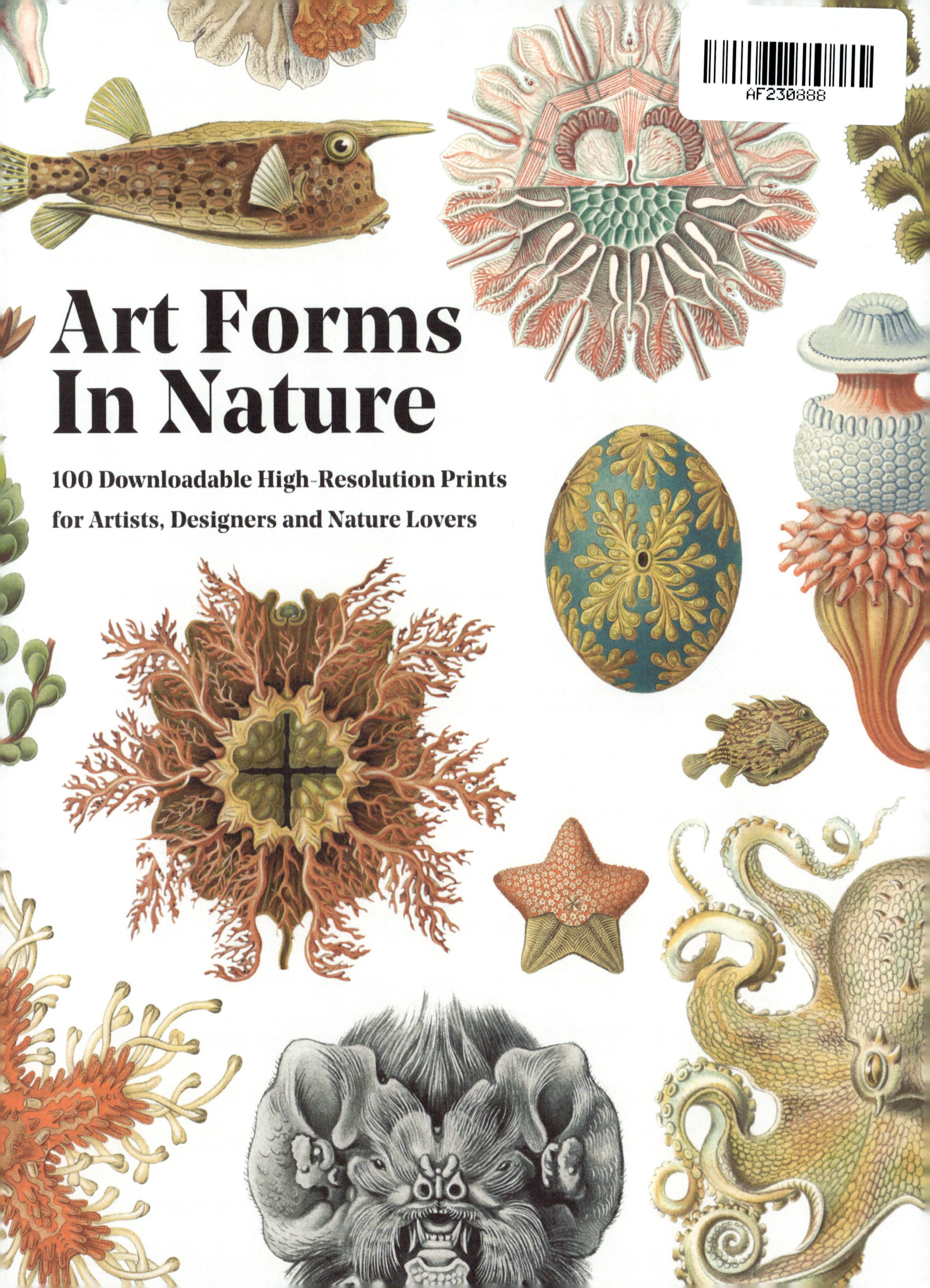

# Art Forms In Nature

## 100 Downloadable High-Resolution Prints
## for Artists, Designers and Nature Lovers

# INTRODUCTION

—

## ART FORMS IN NATURE BY ERNST HAECKEL

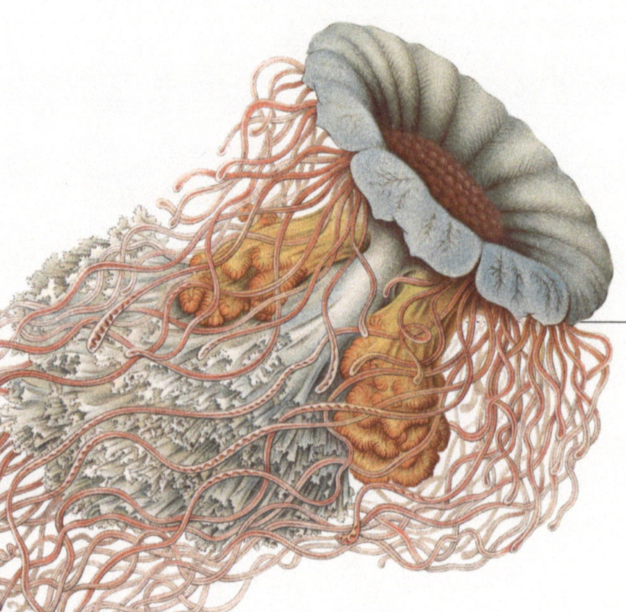

100 DOWNLOADABLE HIGH-RESOLUTION PLATES. ARTWORK BY ERNST HAECKEL

## DOWNLOAD YOUR FILES

**FOLLOW THESE STEPS TO DOWNLOAD YOUR FILES: TURN TO THE LAST PAGE OF THIS BOOK TO FIND A WEBSITE ADDRESS AND UNIQUE PASSWORD. ENTER THE WEBSITE ADDRESS IN YOUR WEB BROWSER. ONCE YOU HAVE ARRIVED AT THE WEBSITE, ENTER YOUR UNIQUE PASSWORD IN THE SPACE PROVIDED. WHEN THE DOWNLOAD PAGE HAS LOADED, FOLLOW THE PROMPTS TO ACCESS YOUR ASSETS.**

THE ESSENTIAL RESOURCE FOR ARTISTS, DESIGNERS AND NATURE LOVERS

Ernst Haeckel (16 February 1834 – 9 August 1919) was a German zoologist, naturalist, philosopher, biologist, marine biologist and artist.

Throughout his illustrious career, Haeckel discovered, named, documented and illustrated thousands of new species and developed numerous terms in biology including ecology, phylum and phylogeny. Haeckel is also known for his work in mapping a genealogical tree connecting all life forms.

Originally published in sets of 10 between 1899 and 1904, *'Kunstformen der Natur'*, known in English as *'Art Forms in Nature'*, consists of 100 masterfully executed prints of microorganisms, animals, insects and more. This body of work has since become widely acclaimed for its beauty and biological accuracy. It was highly influential throughout 20th-century art, design and architecture and has inspired many artists, particularly throughout the Art Nouveau period, including Karl Blossfeldt and Émile Gallé. The plates within this publication reflect Haeckel's interest in symmetry, levels of organisation and the evolution of biological complexity. Haeckel himself meticulously selected his subjects to highlight and illustrate these principles. From the complex geometric patterns and forms of Amphoridea to the ornamental symmetry of jellyfish and microorganisms, the composition of each plate is carefully considered and arranged for maximum visual impact. Featured prominently throughout the set of 100 plates are sea anemones, radiolarians, Aspidonia and a stunning collection Siphonophorae.

# INDEX

———



ISBN: 978-1-925968-39-2

BIBLIOGRPAPHICAL NOTE:
THIS IS A NEW WORK BY AVENUE HOUSE PRESS PTY LTD
COPYRIGHT © AVENUE HOUSE PRESS PTY LTD

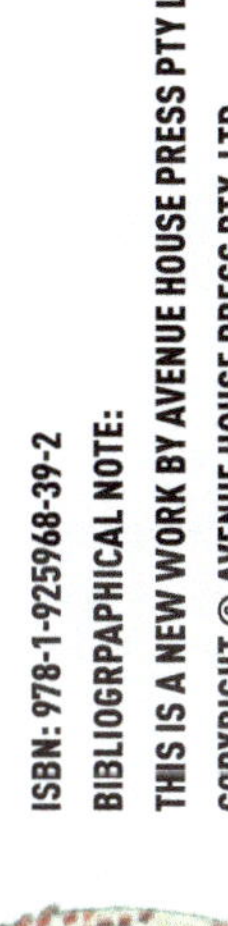

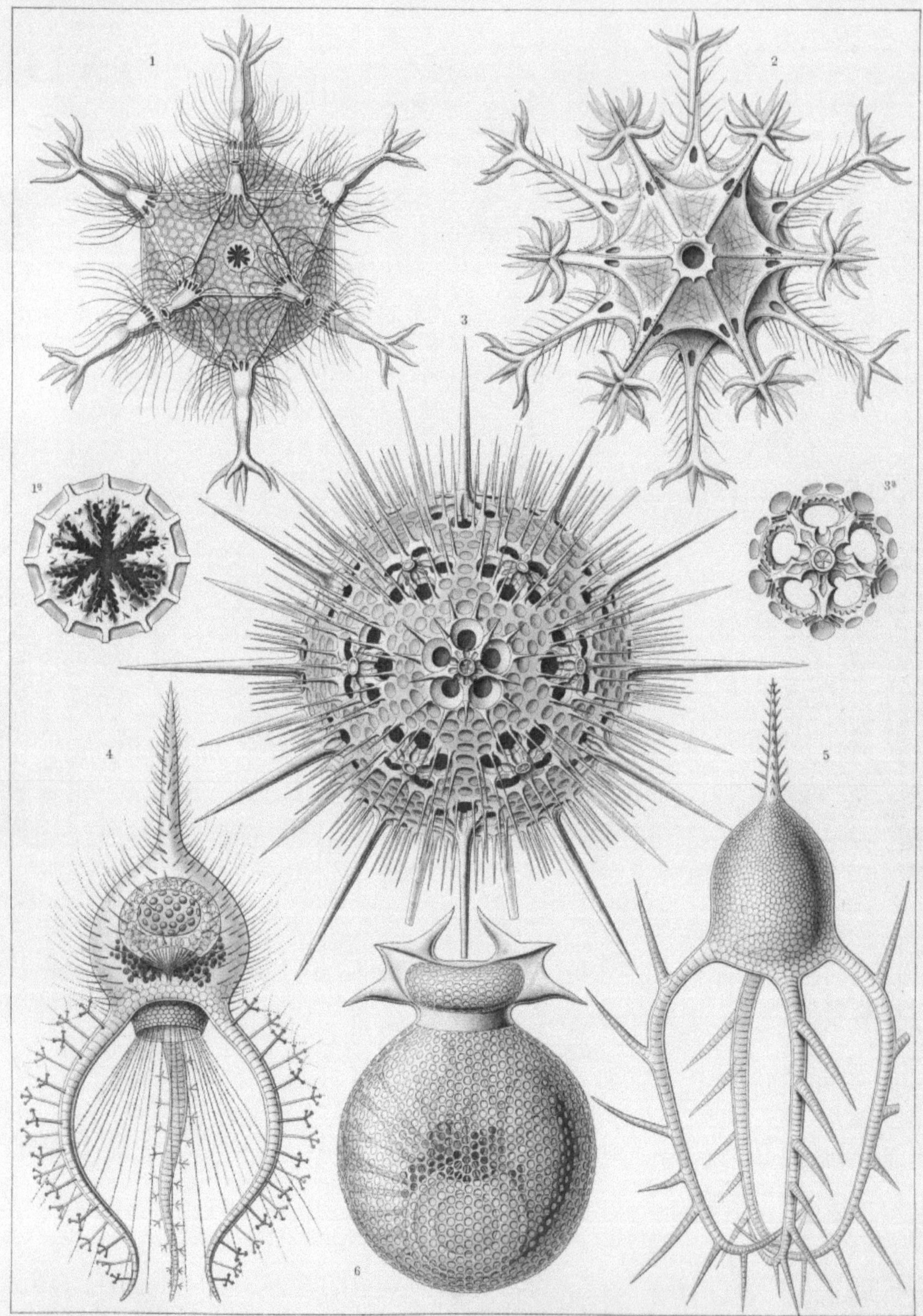


Haeckel, Kunstformen der Natur.
Tafel 1 — Circogonia.
1
2
3
1ª
3ª
4
5
6
Phaeodaria. — Rohrstraßlinge.

Haeckel, Kunstformen der Natur.
Tafel 2 — Globigerina.

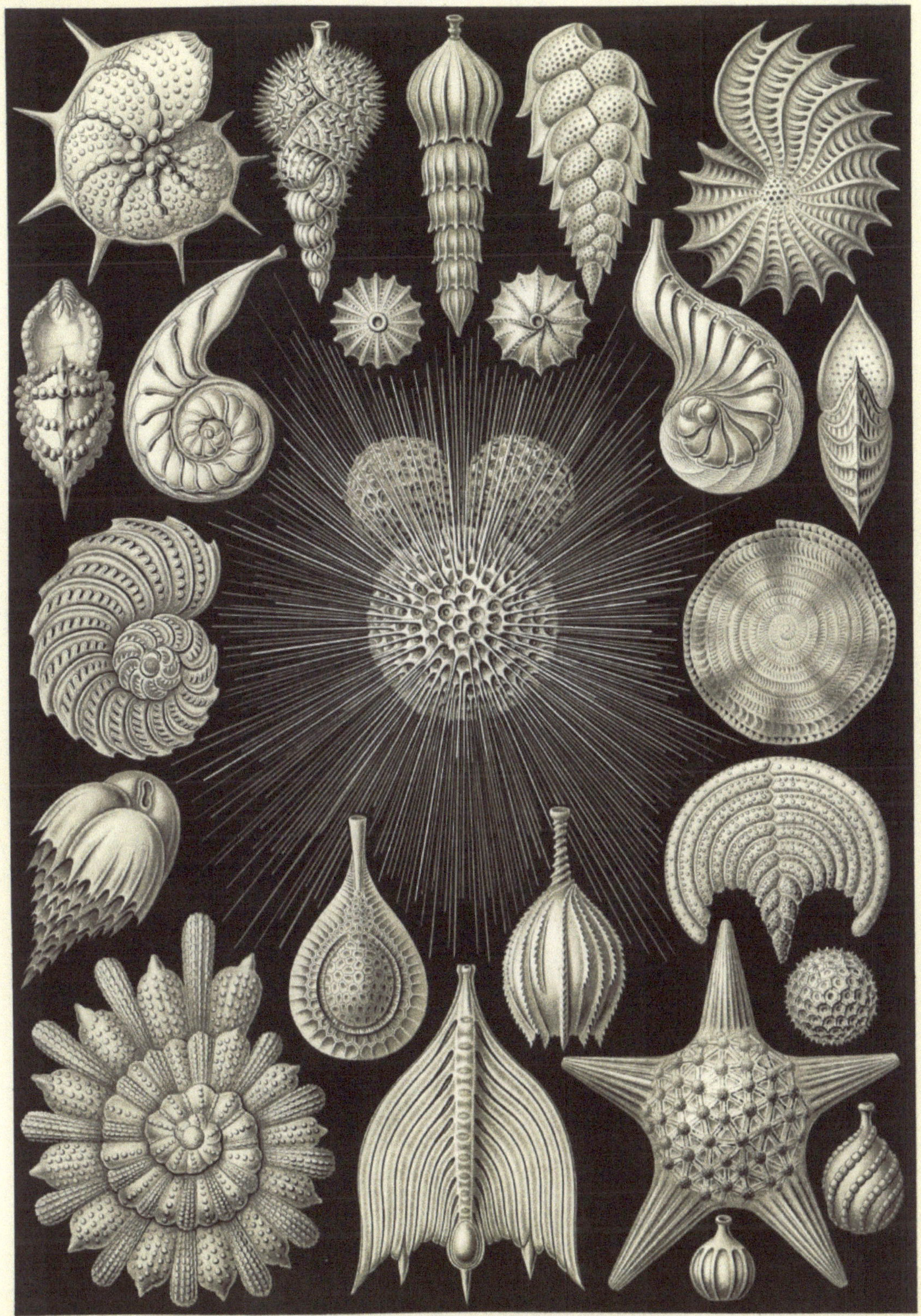

Thalamophora. — Kammerlinge.

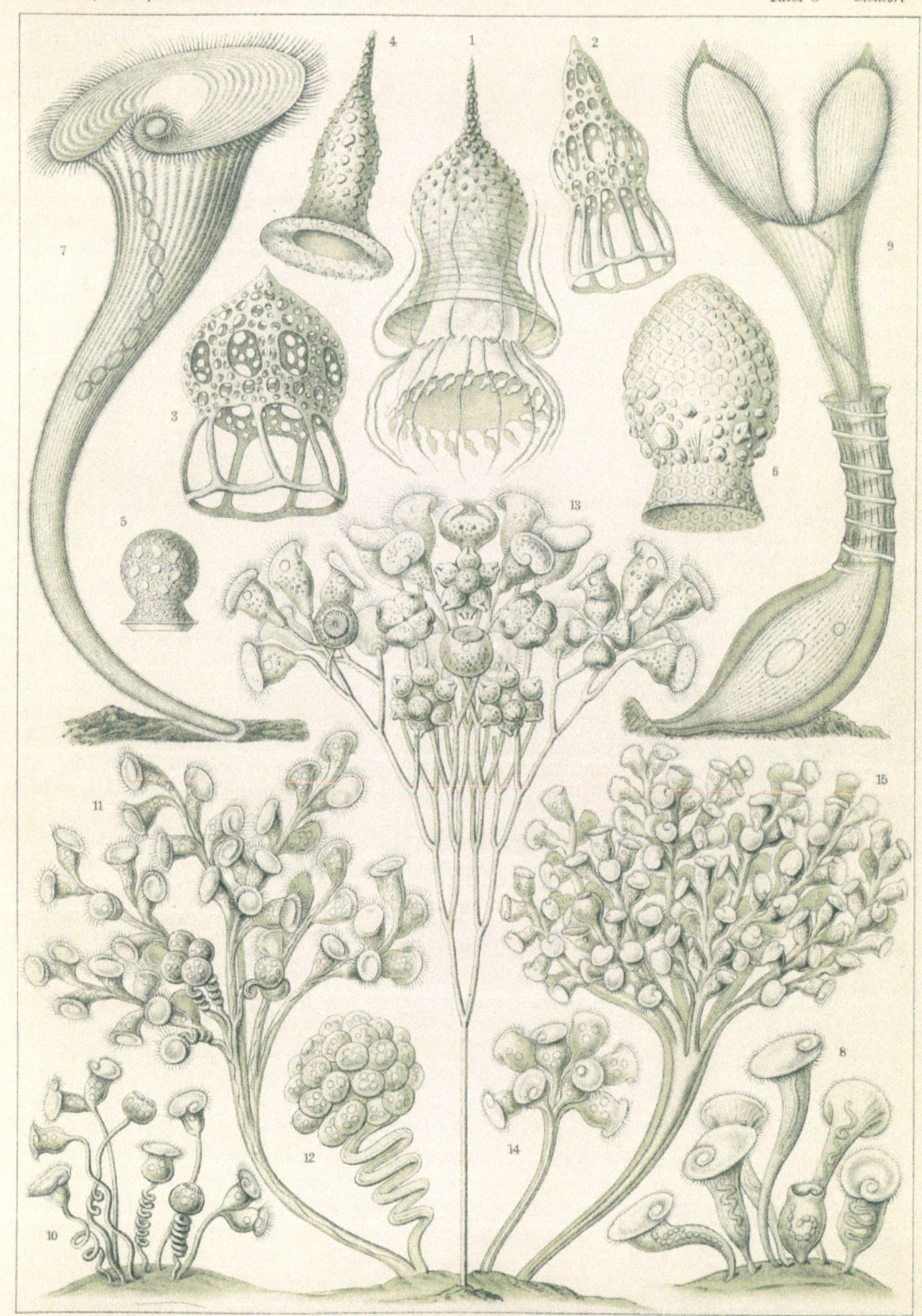

## Ciliata. — Wimperlinge.

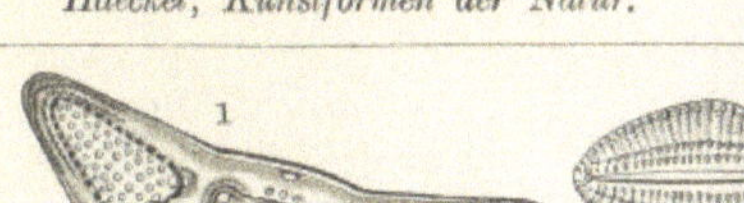

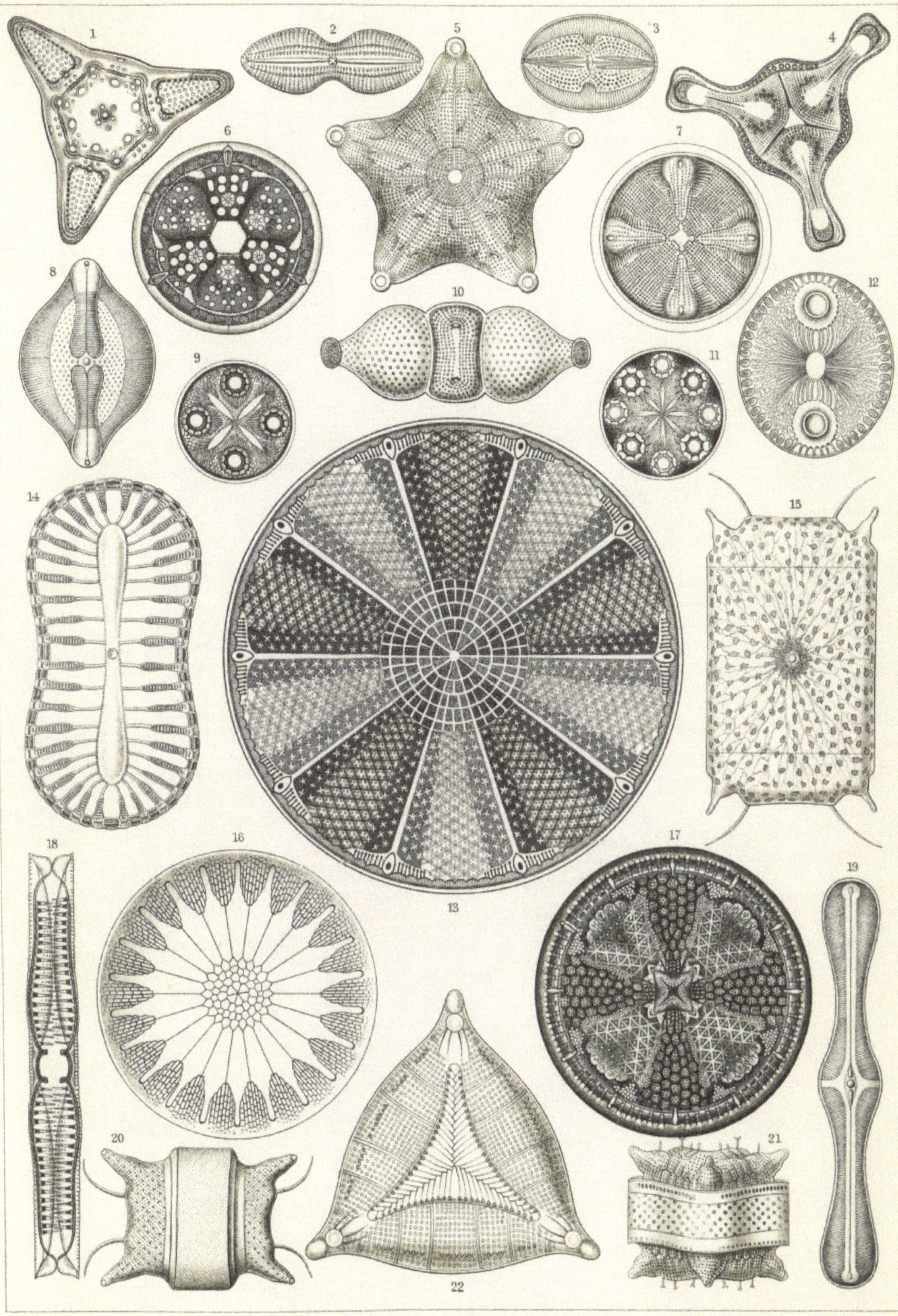

## Diatomea. — Schachtellinge.

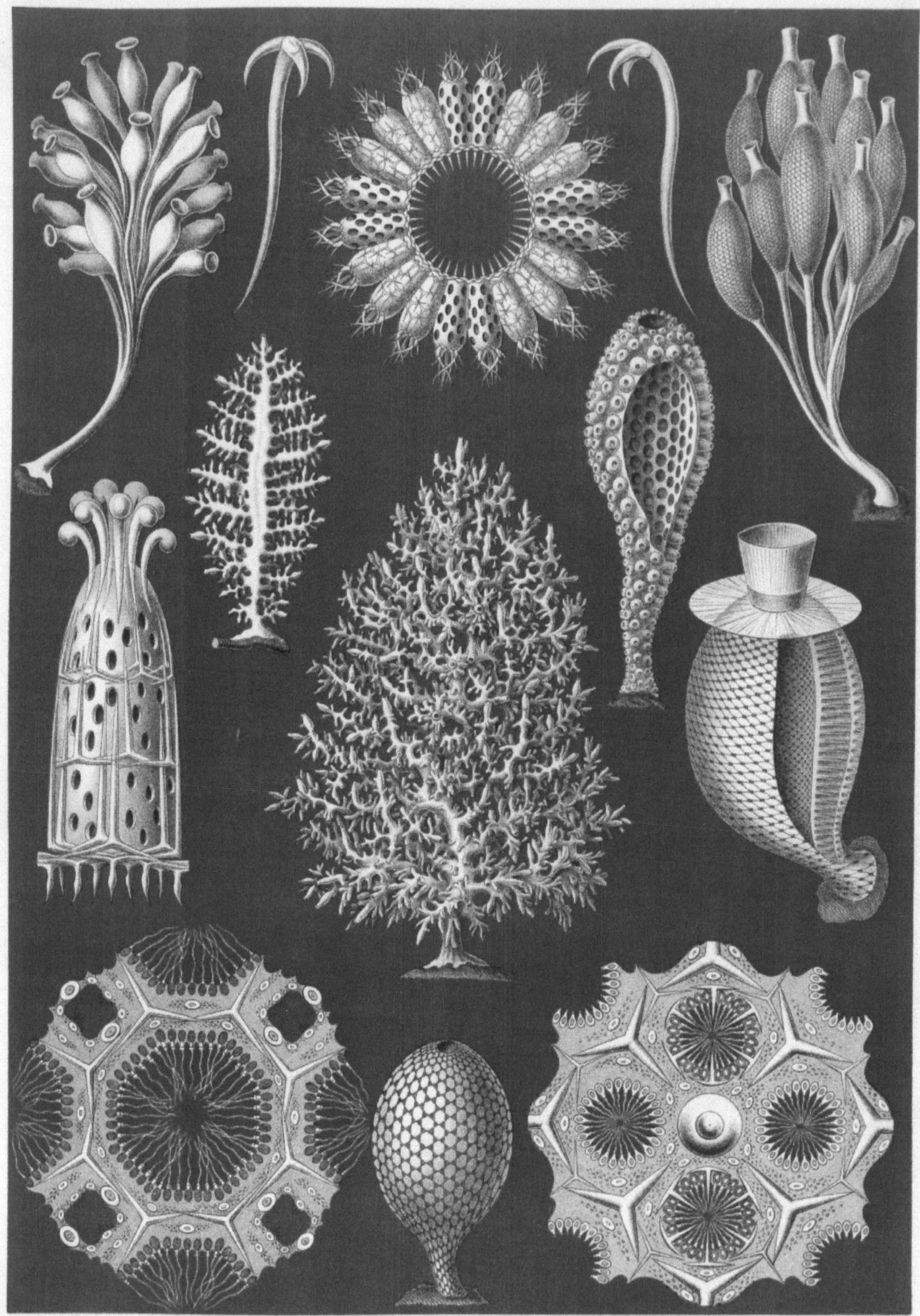
Haeckel, Kunstformen der Natur.
Tafel 5 — Ascandra.
Calcispongiae. — Kalkschwämme.

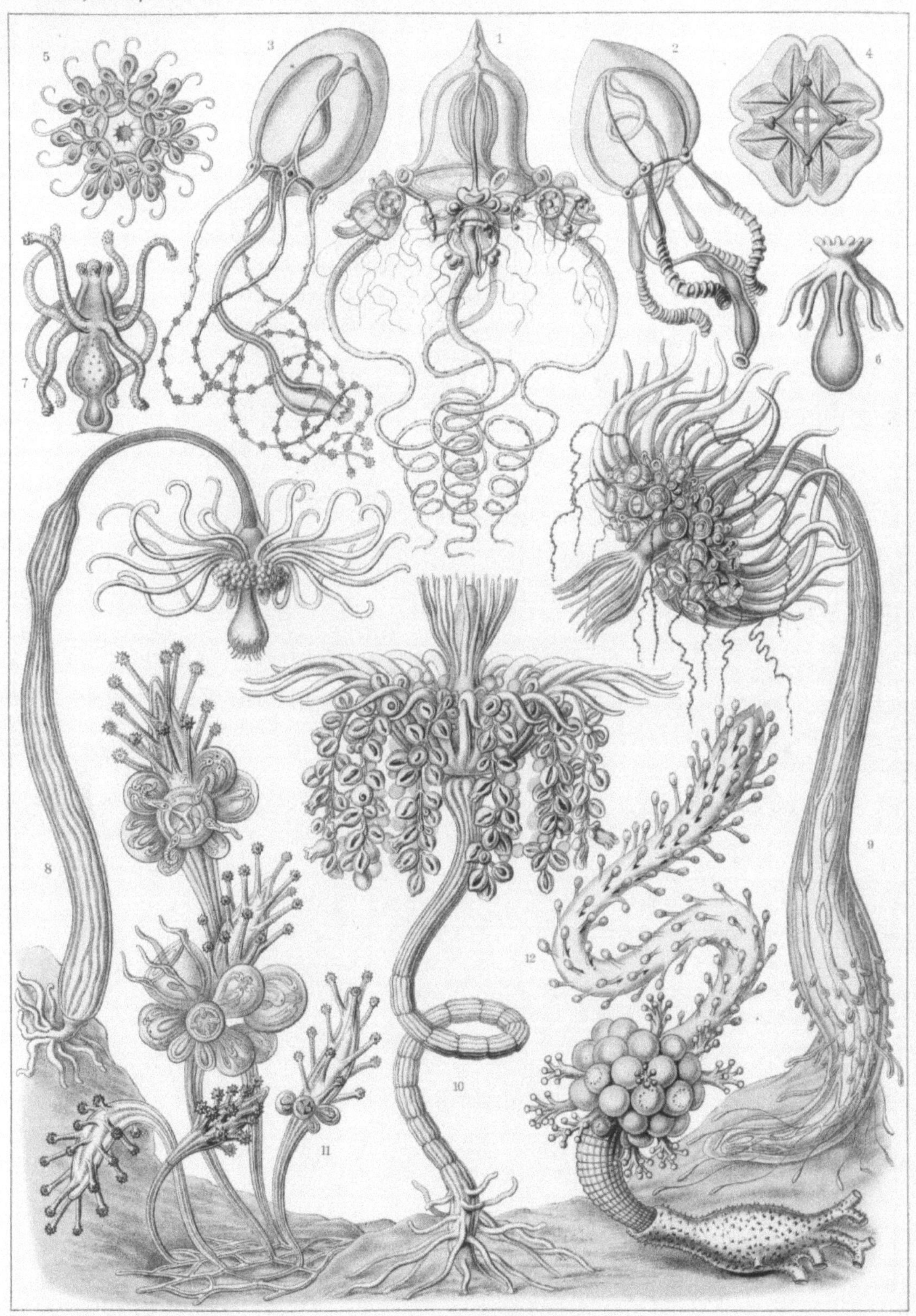
Haeckel, Kunstformen der Natur.
Tafel 6 — Tubuletta.
Tubulariae. — Röhrenpolypen.

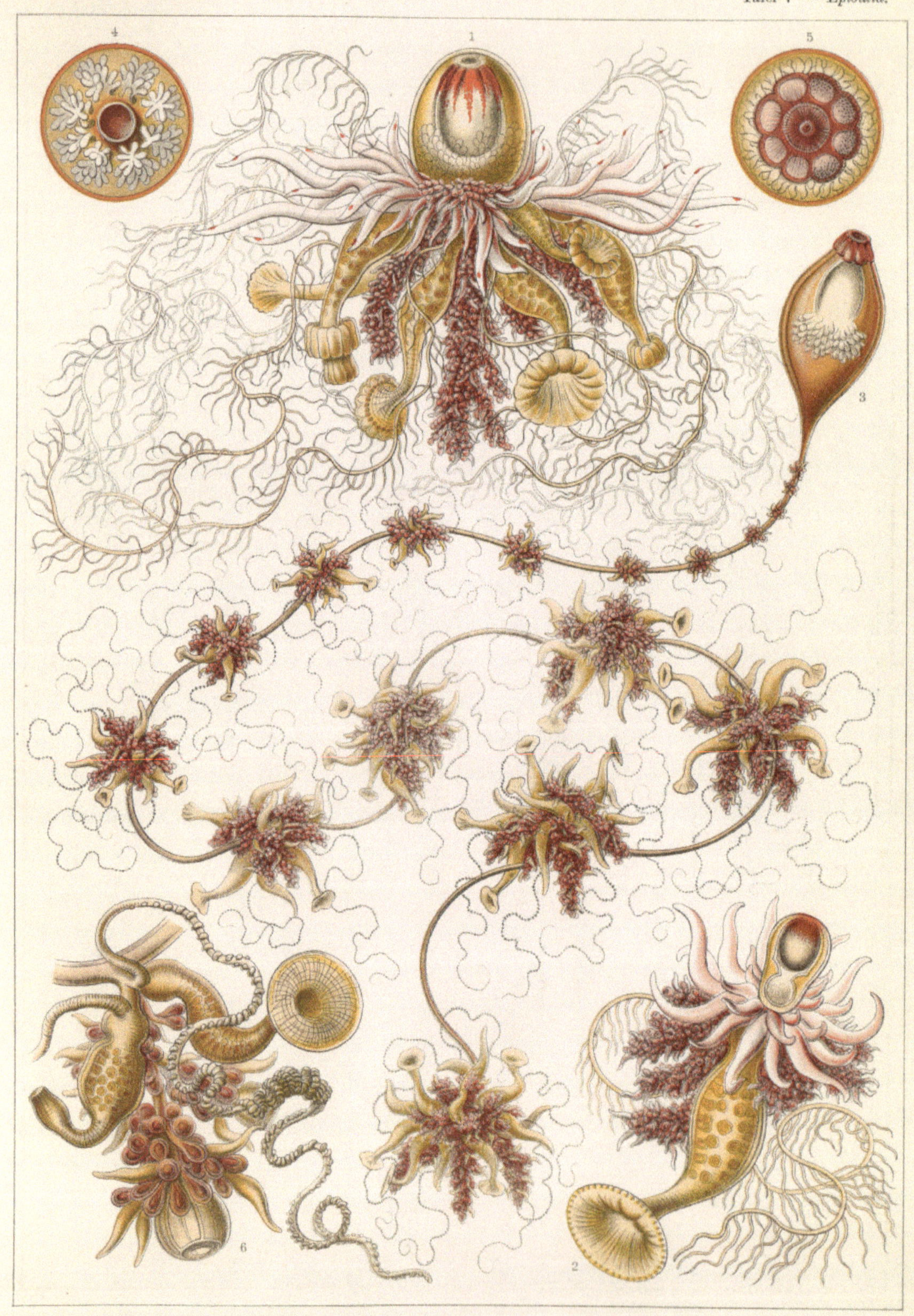



Siphonophorae. — Staatsquallen.

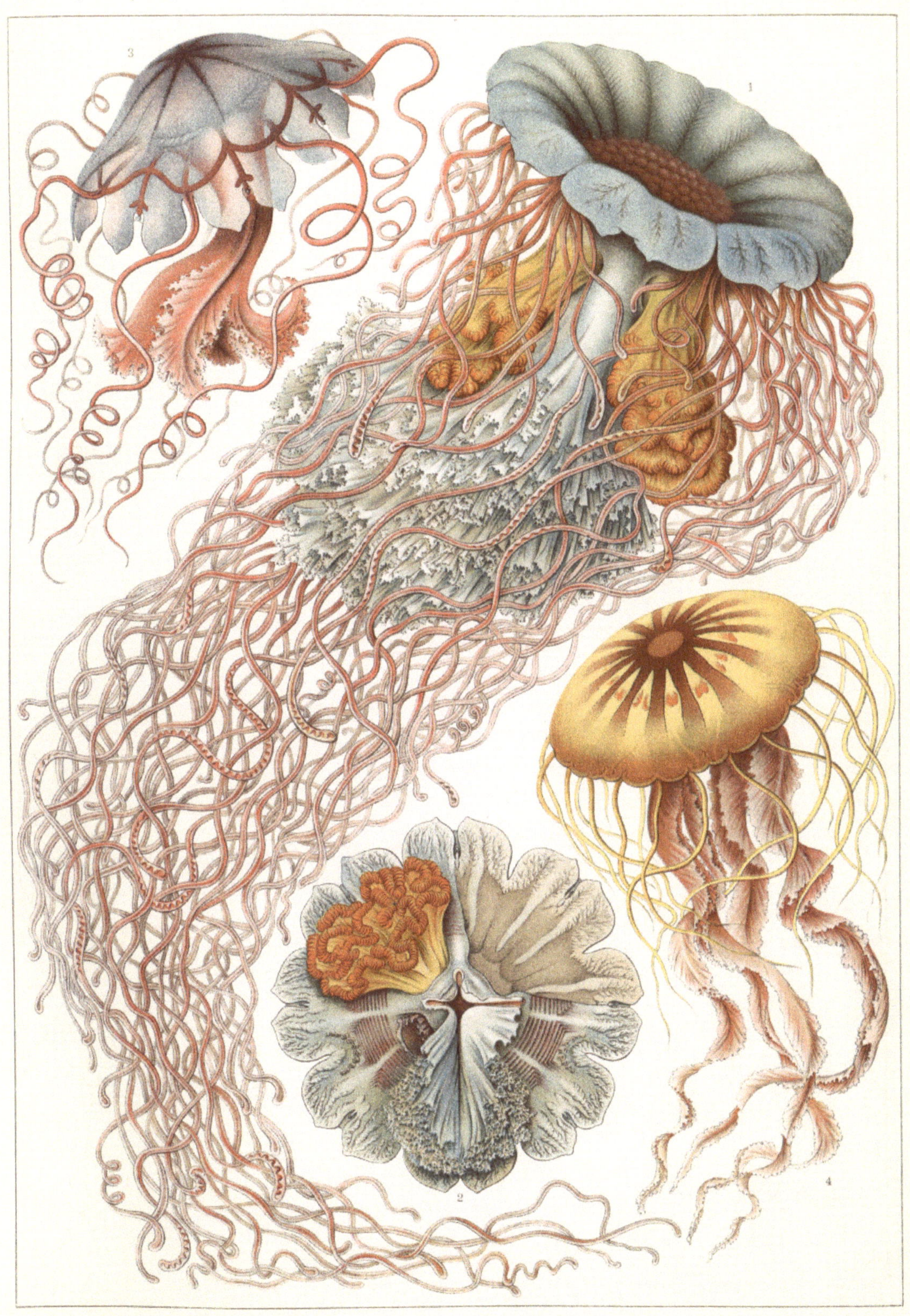



Discomedusae. — Scheibenquallen.

*Haeckel, Kunstformen der Natur.*　　　　Tafel 9 — *Maeandrina.*

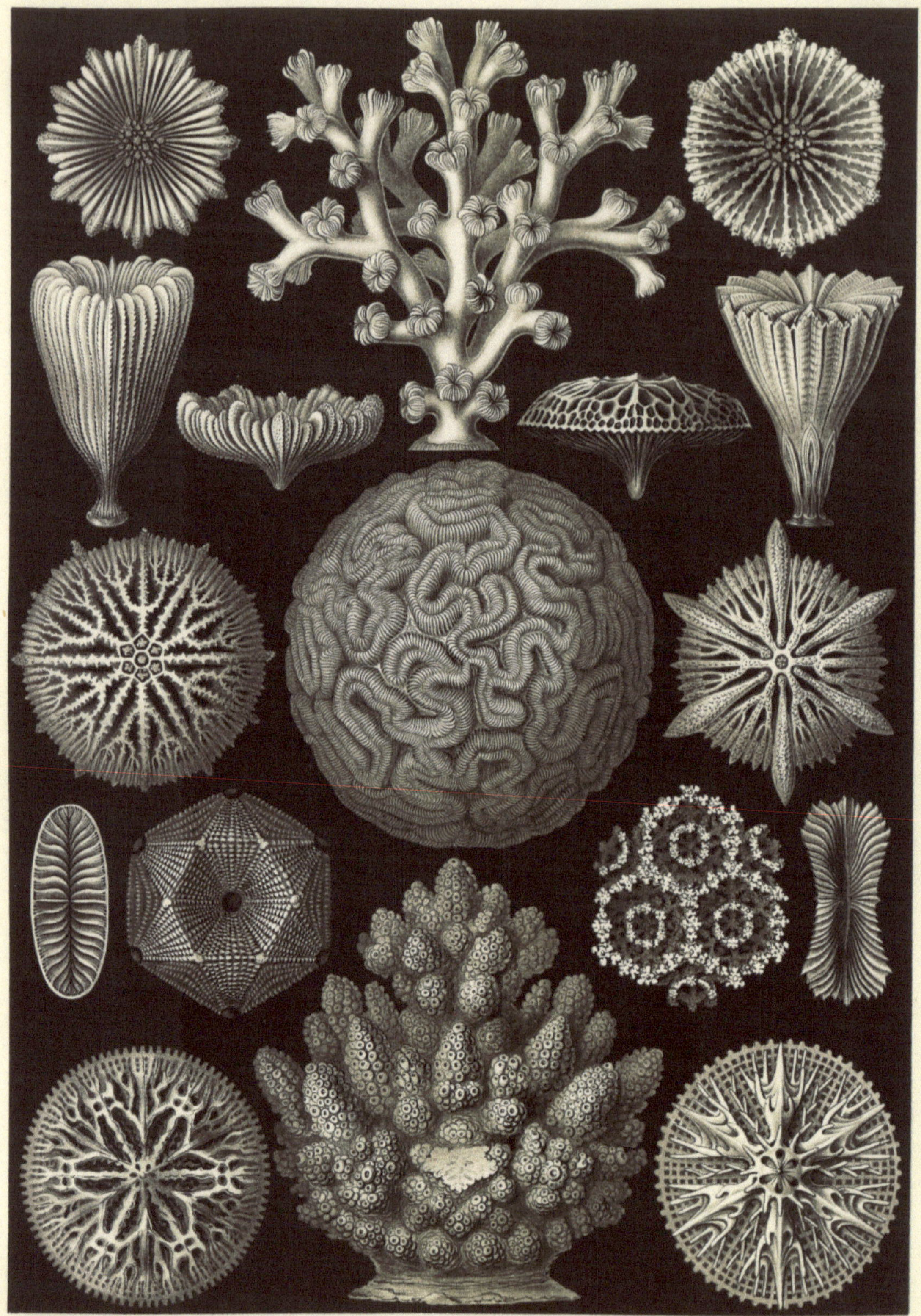

Hexacoralla. — Sechsstrahlige Sternkorallen.

Haeckel, Kunstformen der Natur.

Tafel 10 — *Ophiothrix.*

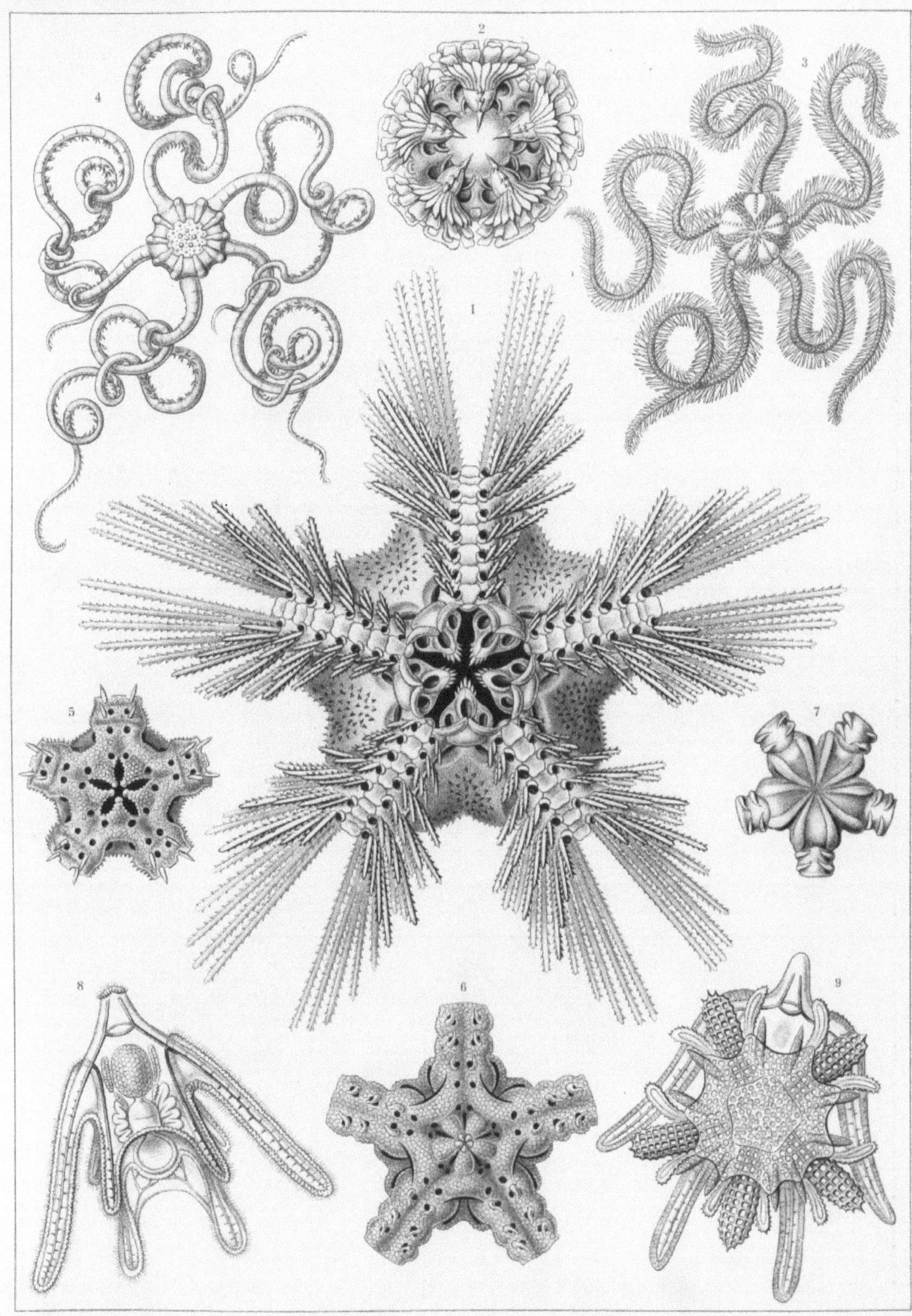

Ophiodea. — Schlangensterne.

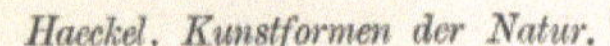
Haeckel, Kunstformen der Natur.
Tafel 11 — Heliodiscus. 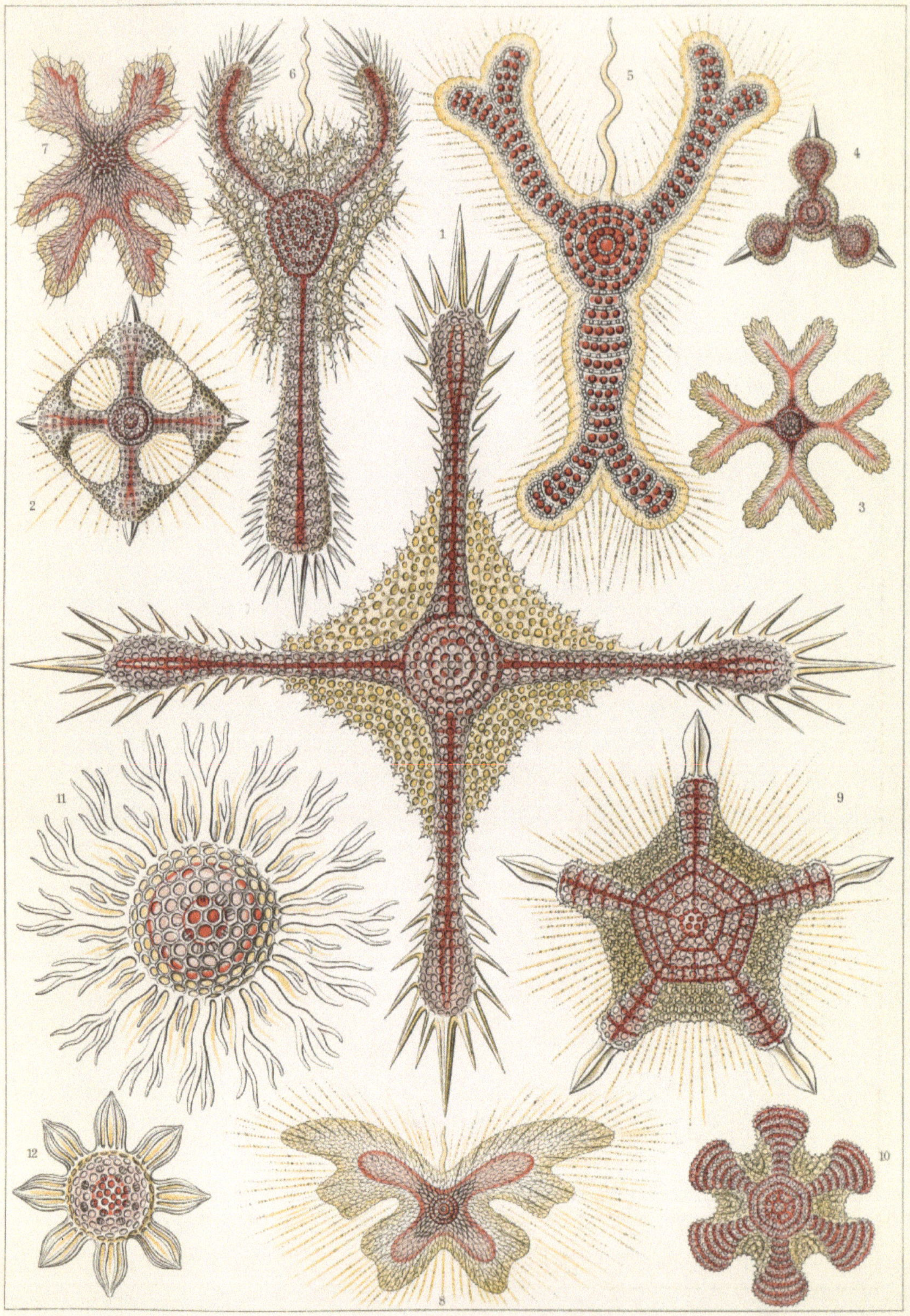
Discoidea. — Scheiben-Strahlinge.

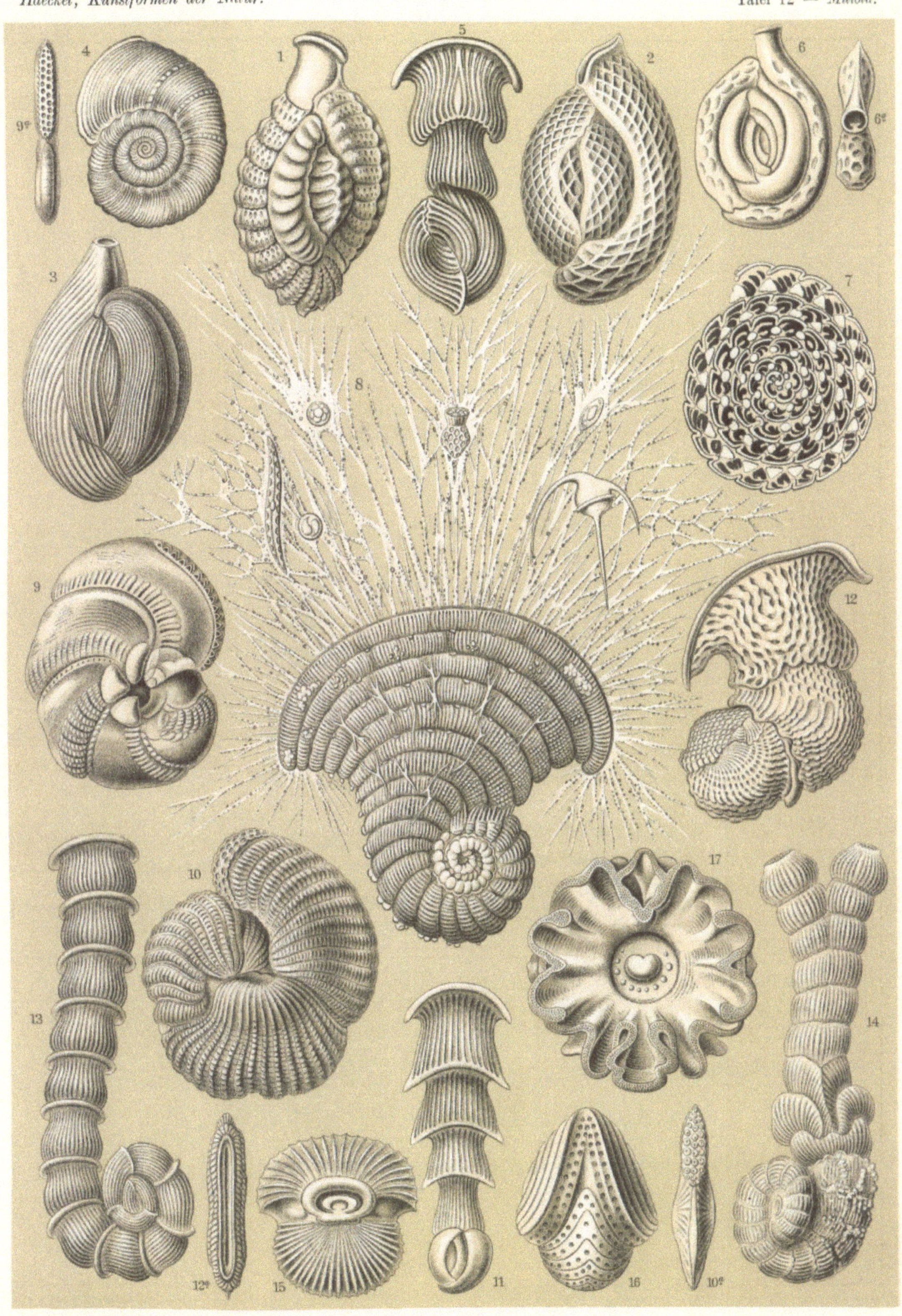

Talamophora. — Kammerlinge.

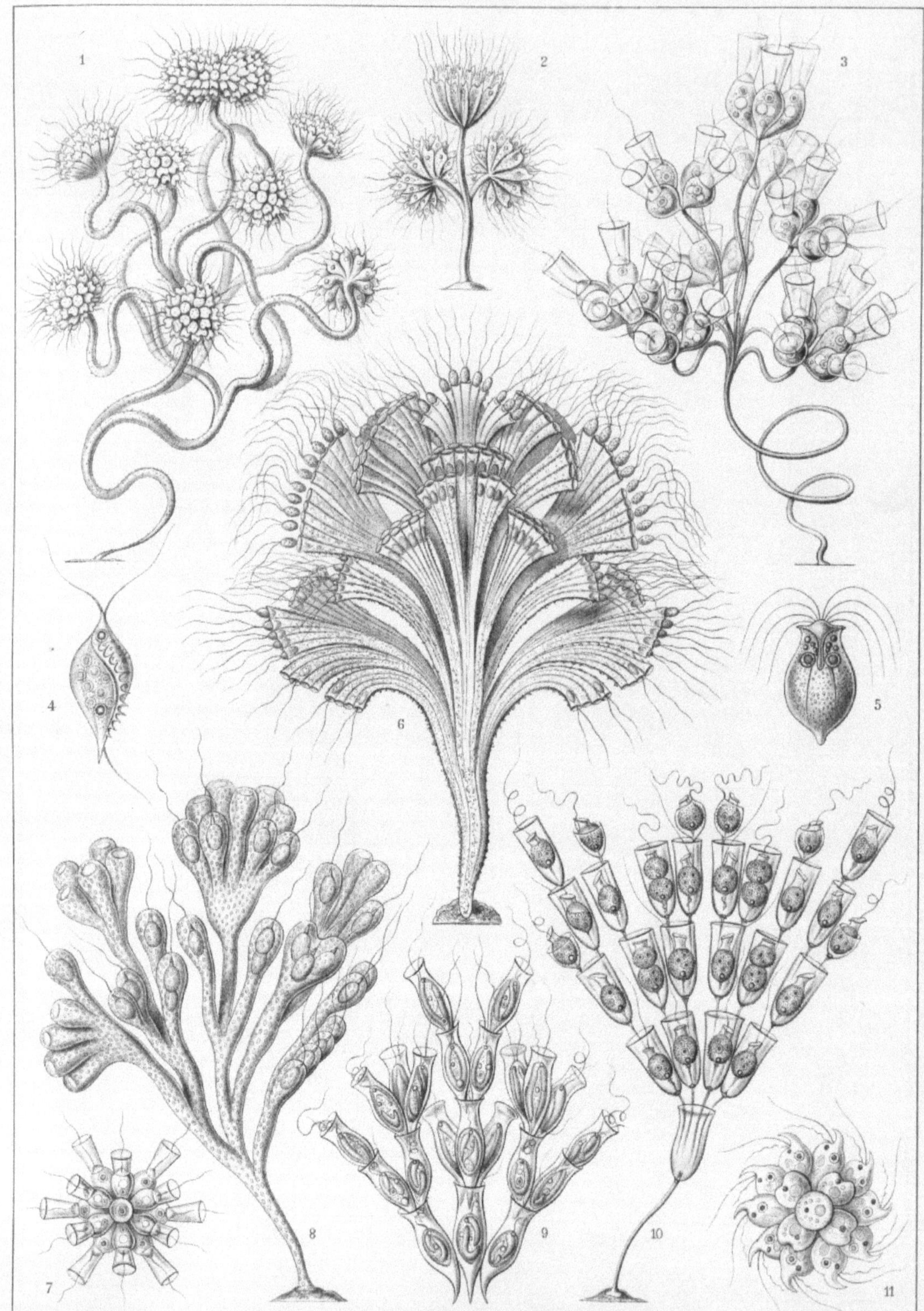

Flagellata. — Geißlinge.

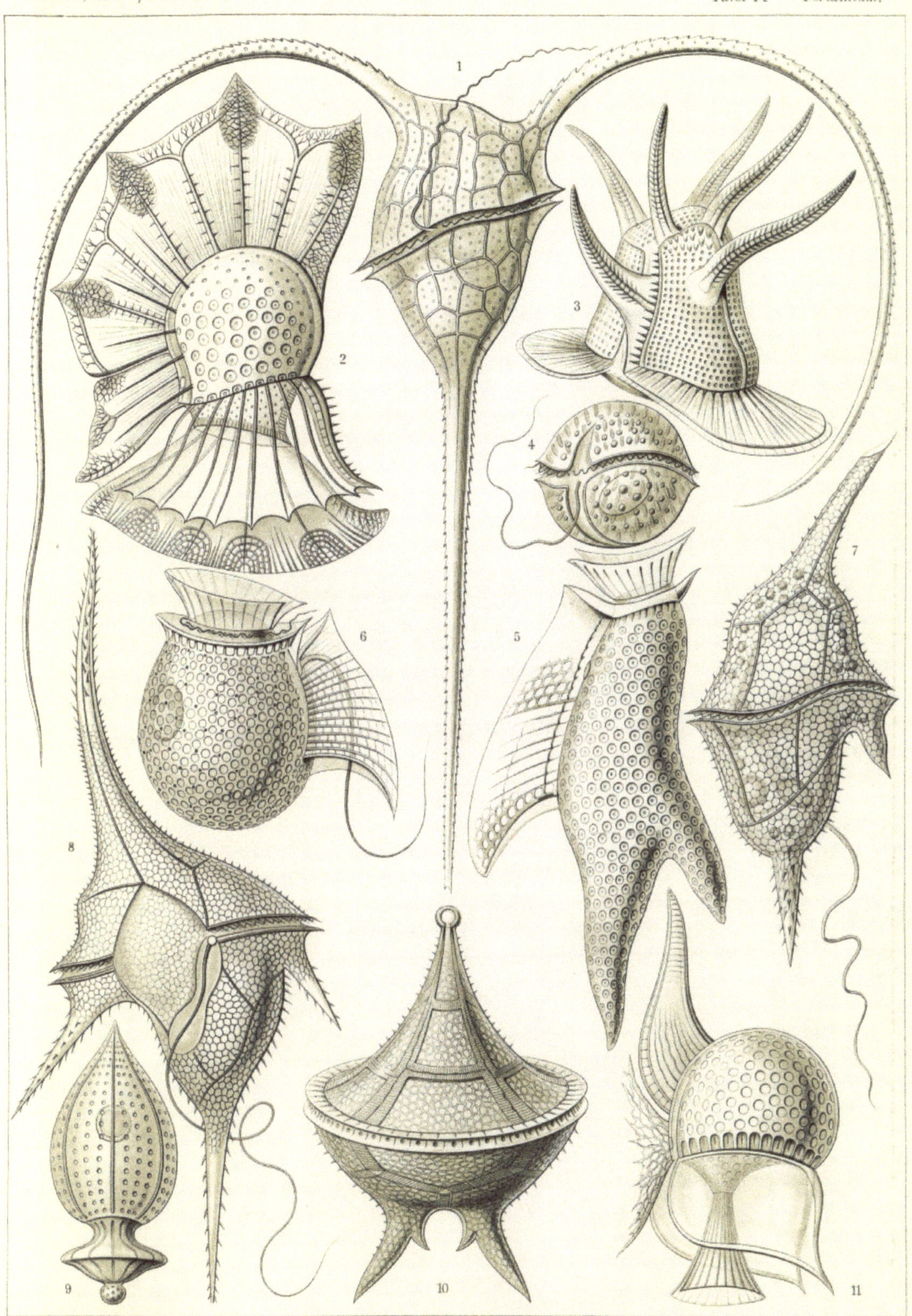
Haeckel, Kunstformen der Natur.
Tafel 14 — Peridinium.
Peridinea. — Geißelhütchen.

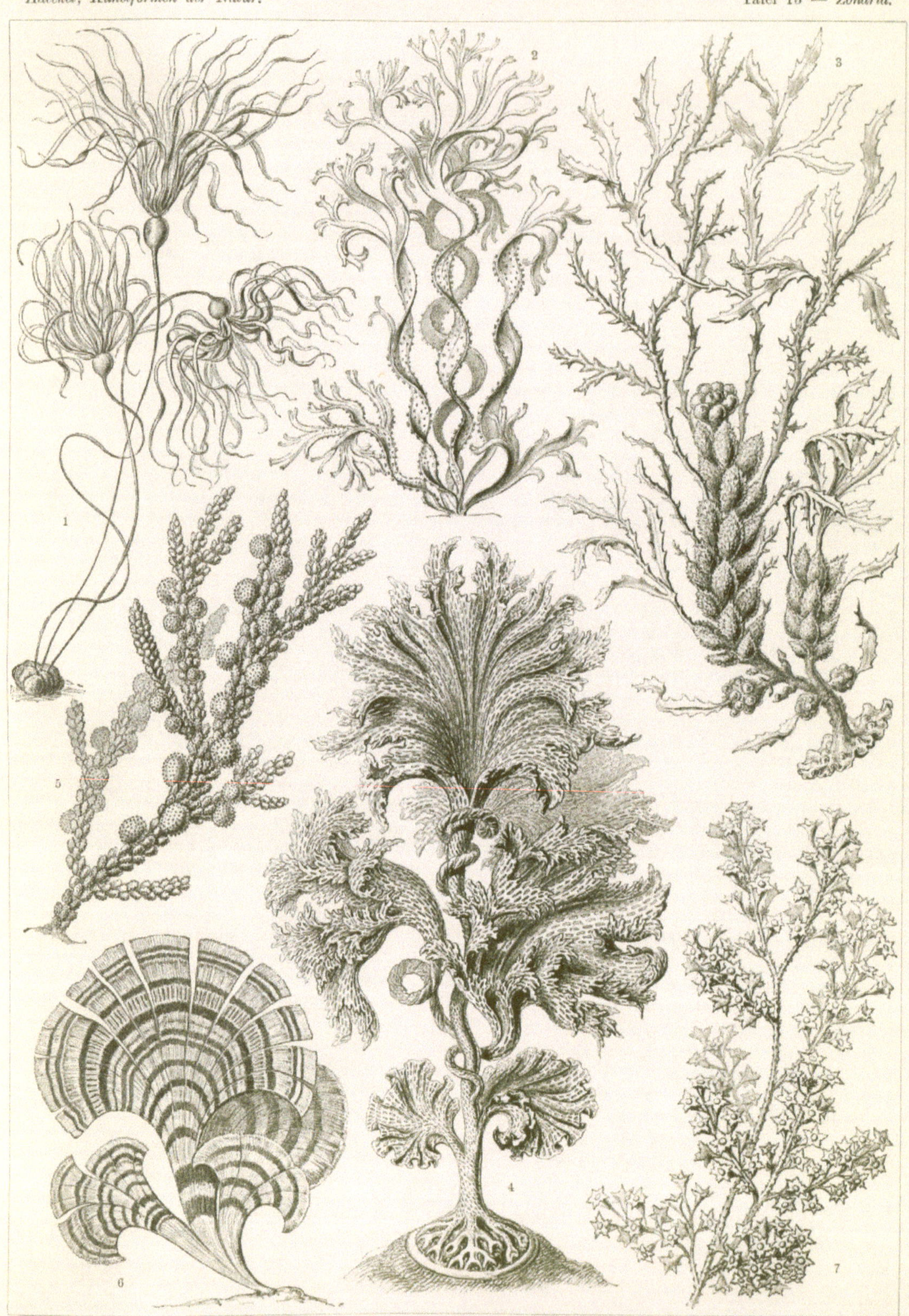

Fucoideae. — Brauntange.

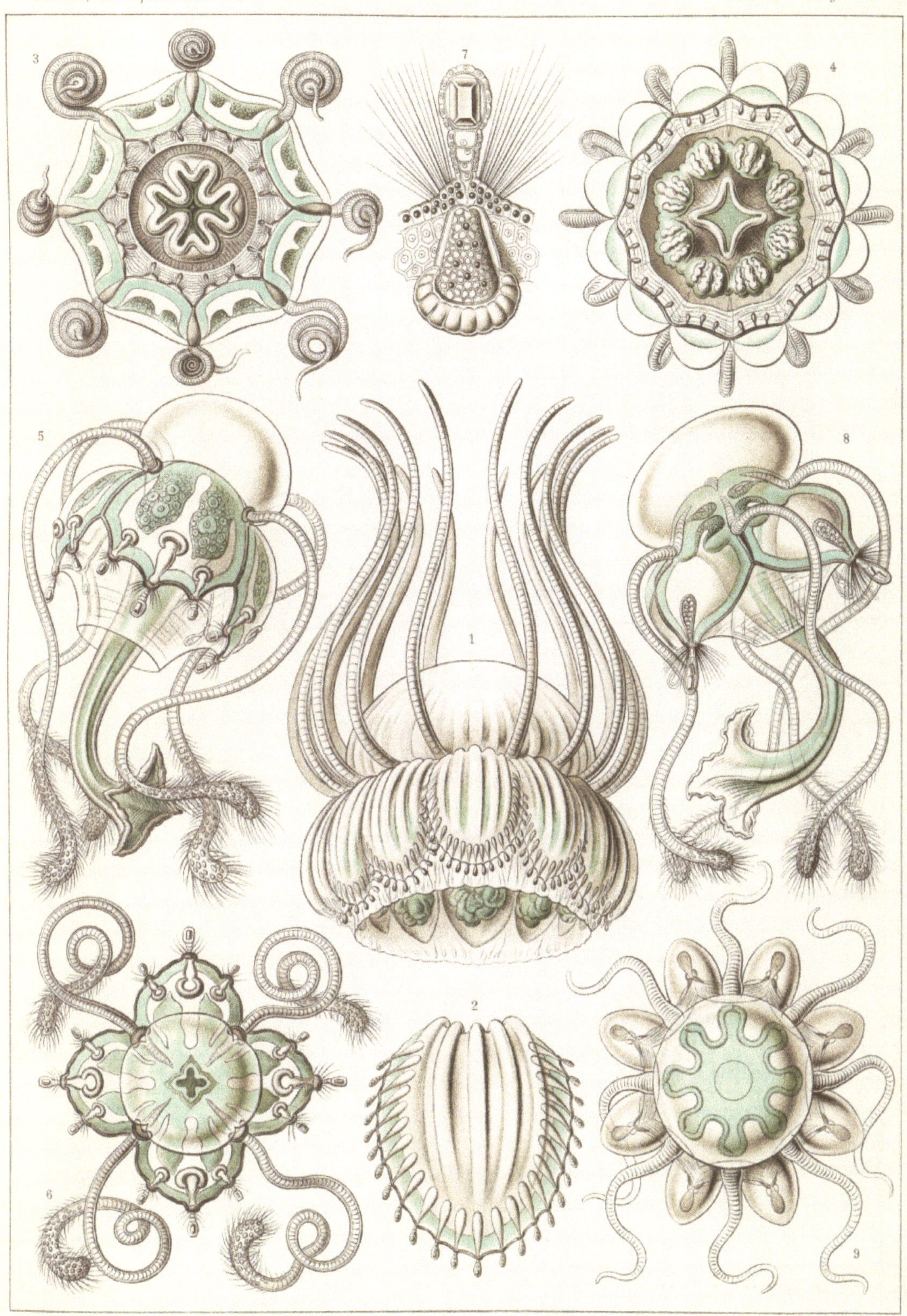


Narcomedusae. — Spangenquallen.

*Haeckel, Kunstformen der Natur.*  Tafel 17 — *Porpema.*

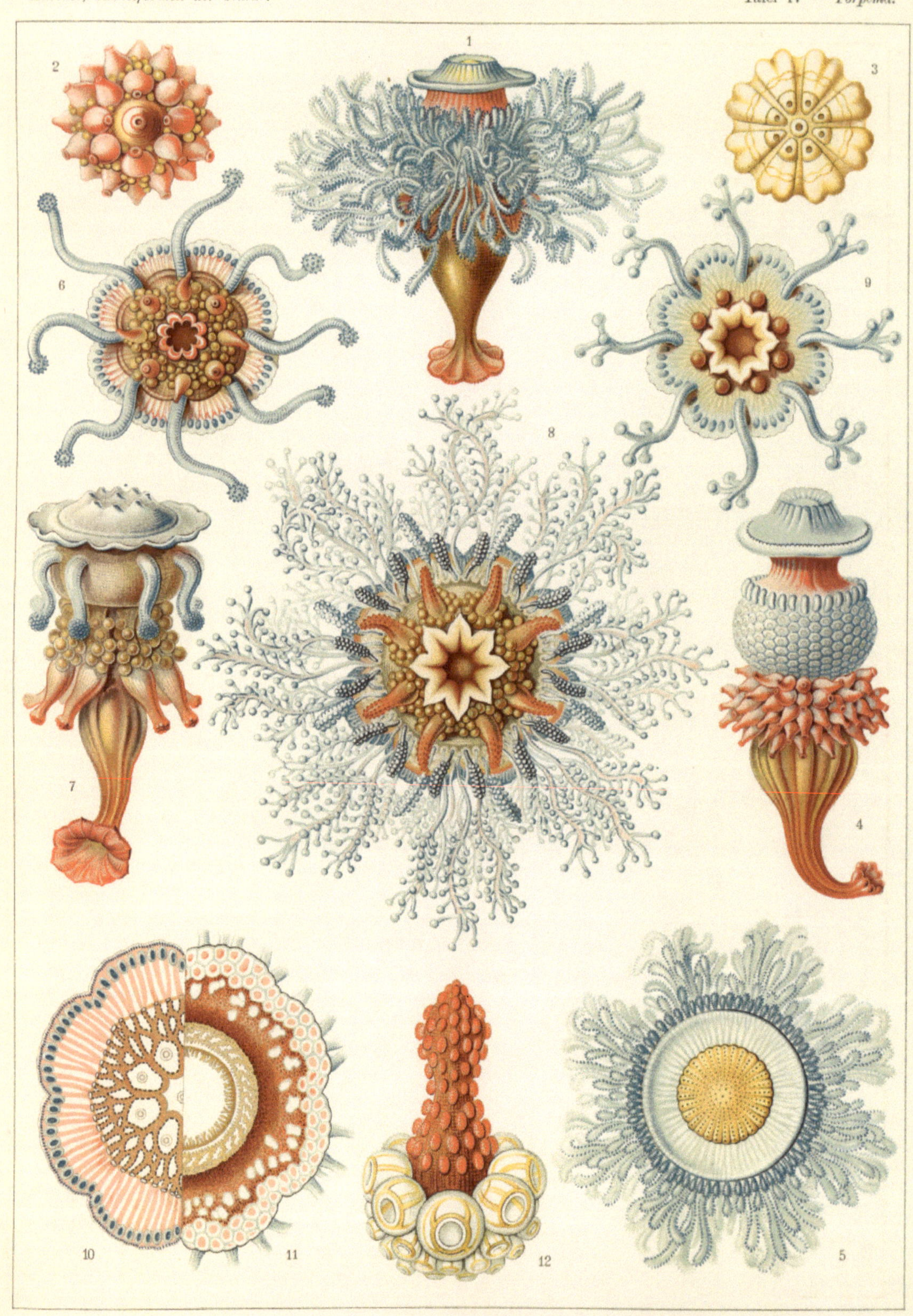

Siphonophorae. — Staatsquallen.

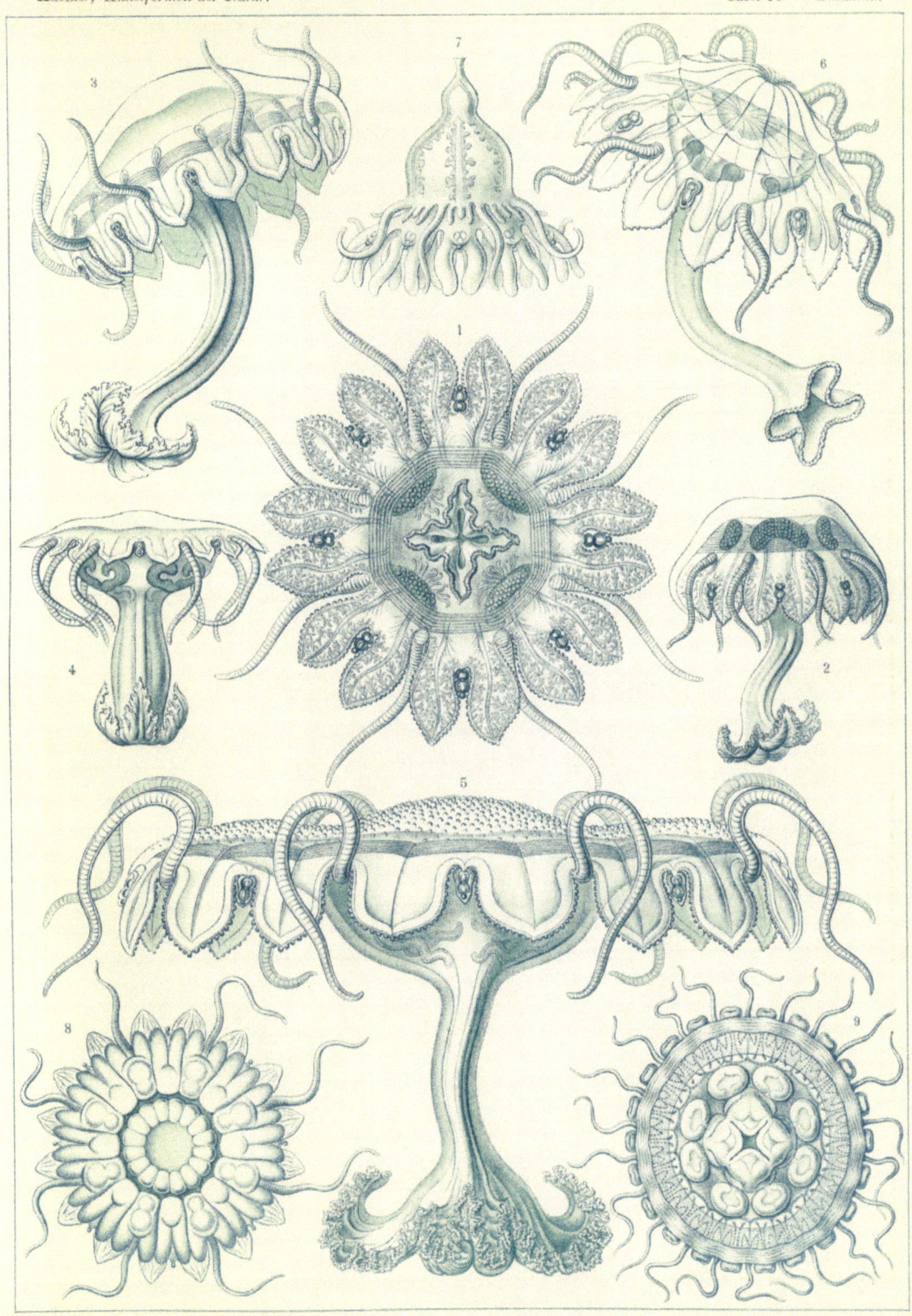

Discomedusae. — Scheibenquallen.

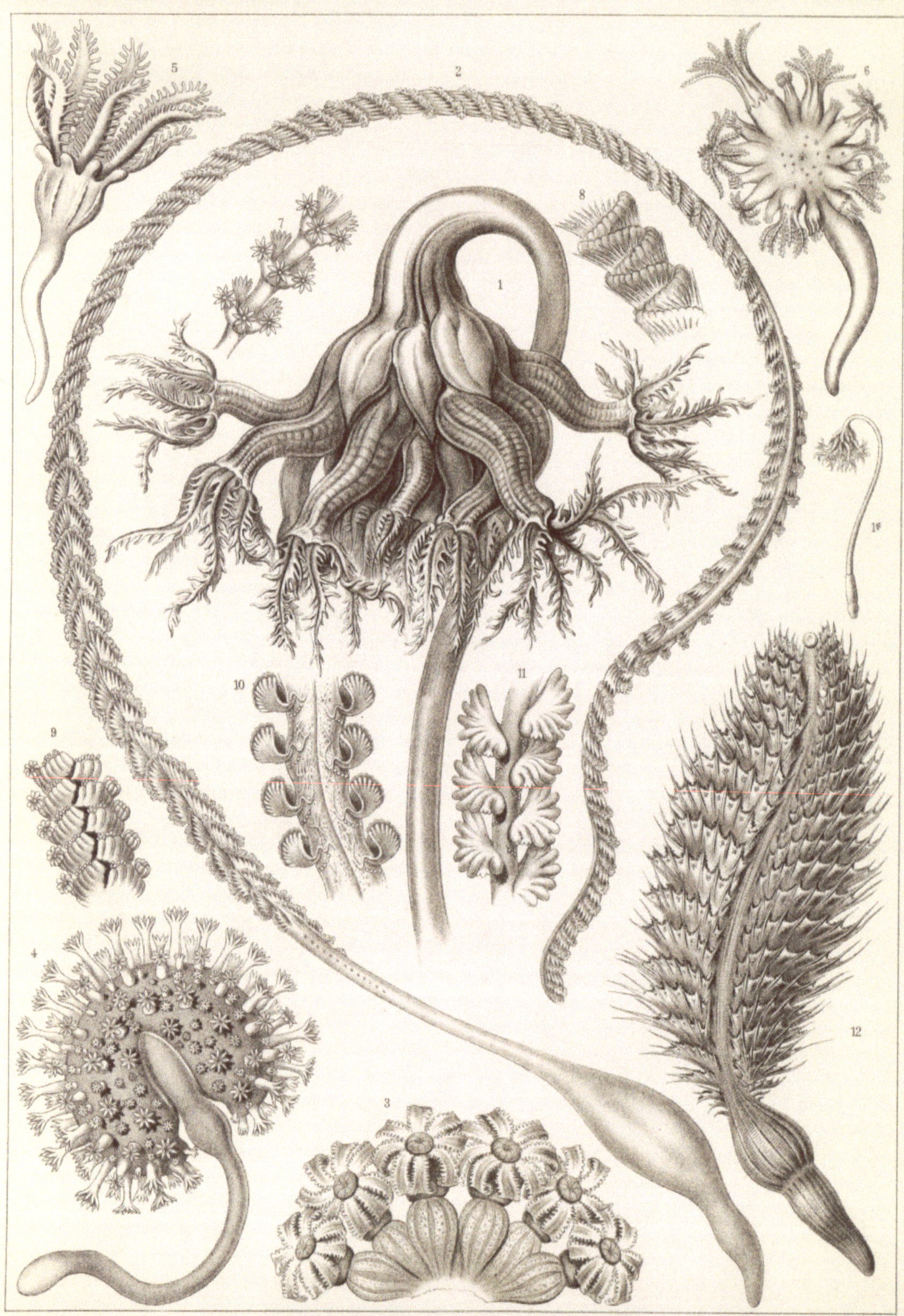



Pennatulida. — Federkorallen.

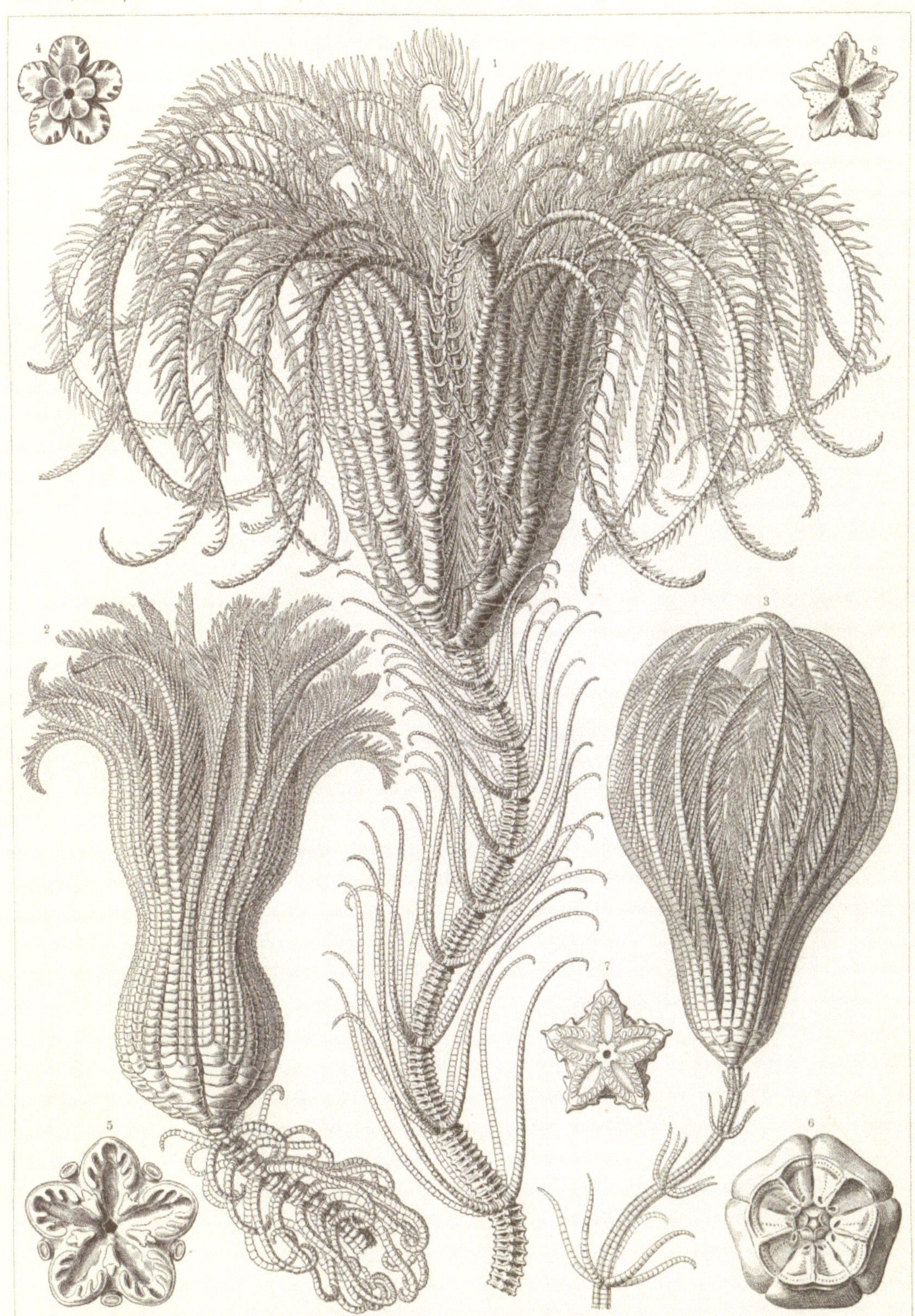
Haeckel, Kunstformen der Natur.
Tafel 20 — Pentacrinus.
Crinoidea. — Palmensterne.

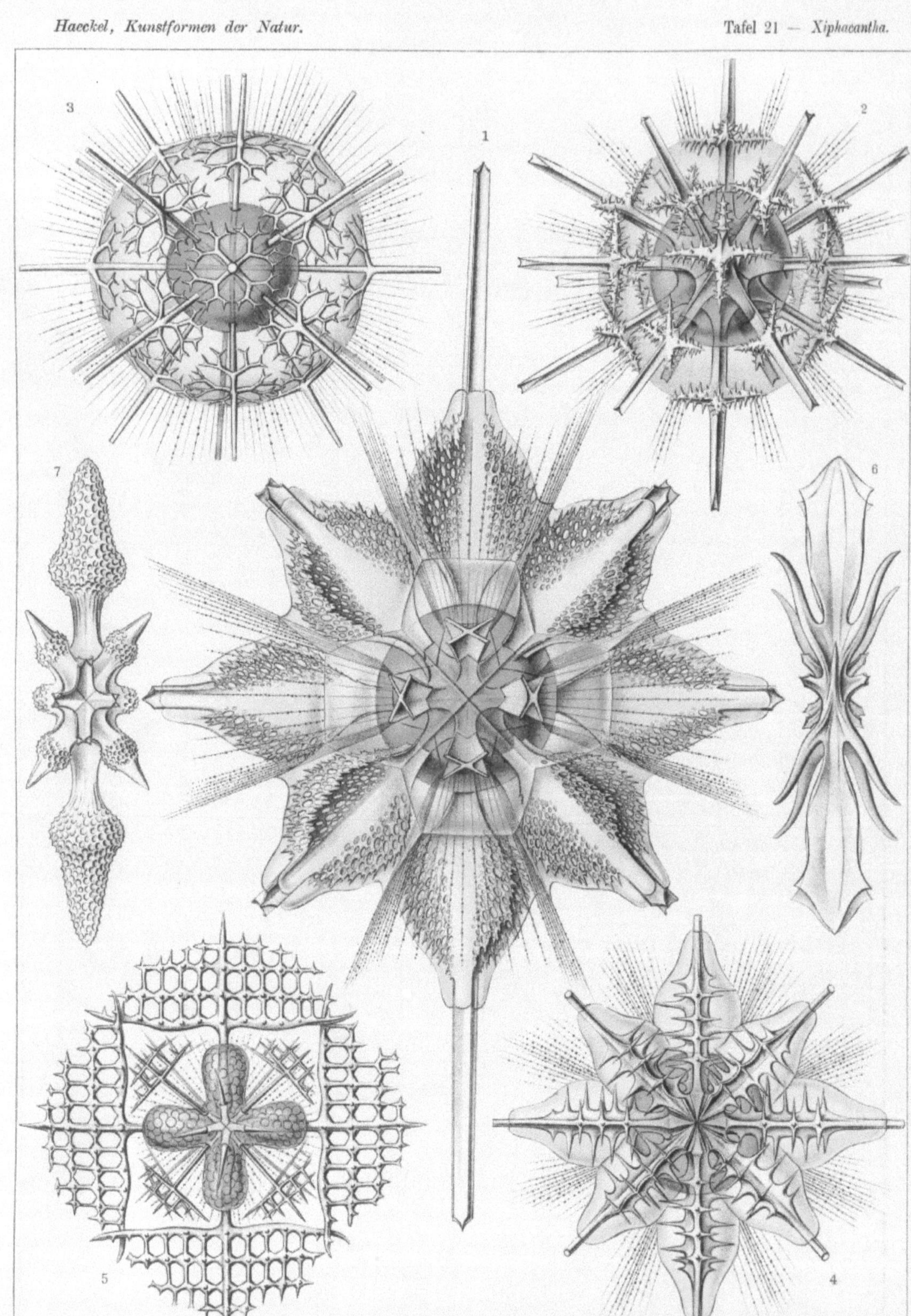



Acanthometra. — Stachelstrahlinge.

Haeckel, Kunstformen der Natur.

Tafel 22 — Elaphospyris.

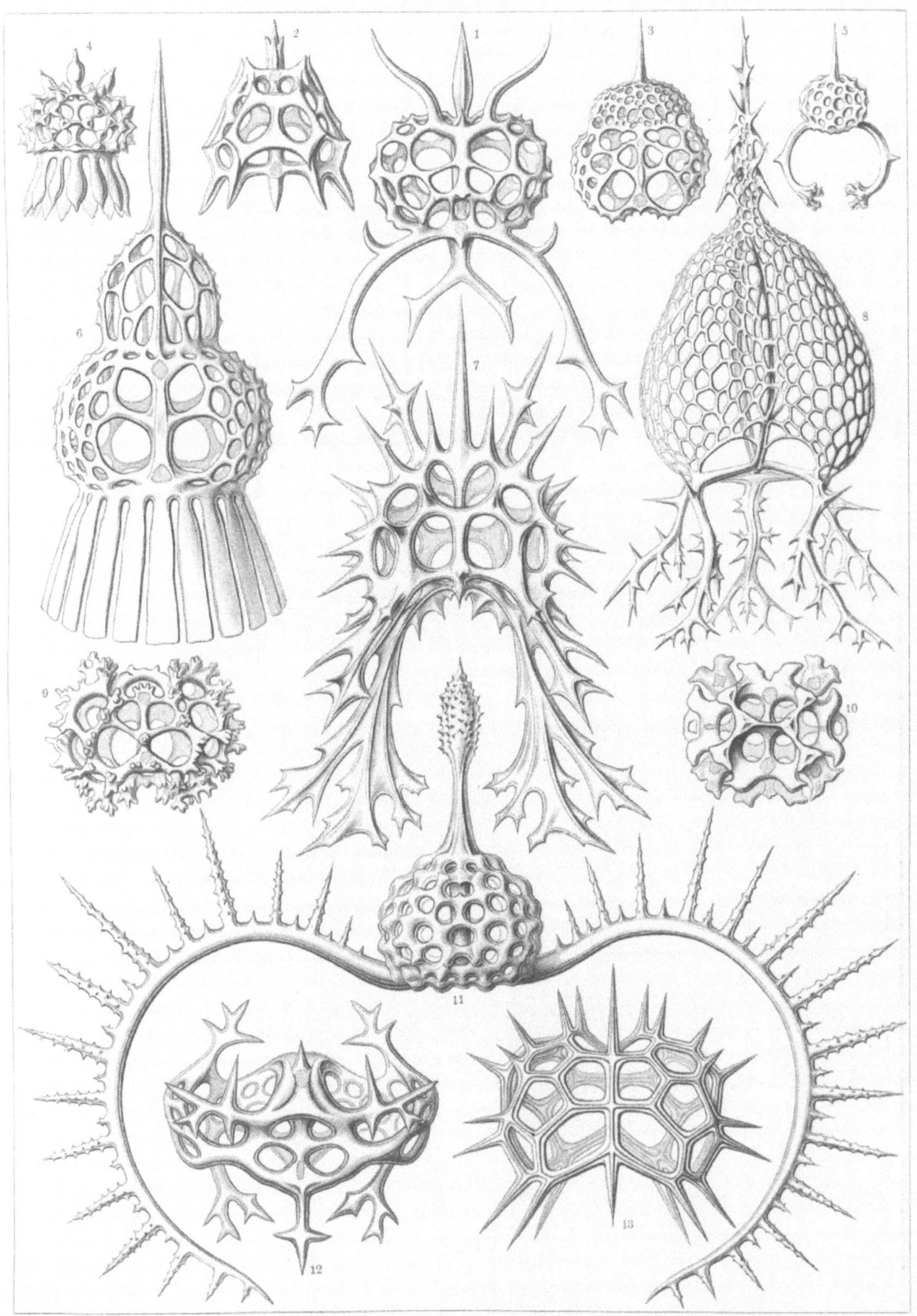

Spyroidea. — Nüßchenstrahlinge.

Haeckel, Kunstformen der Natur.
Tafel 23 — Cristatella.

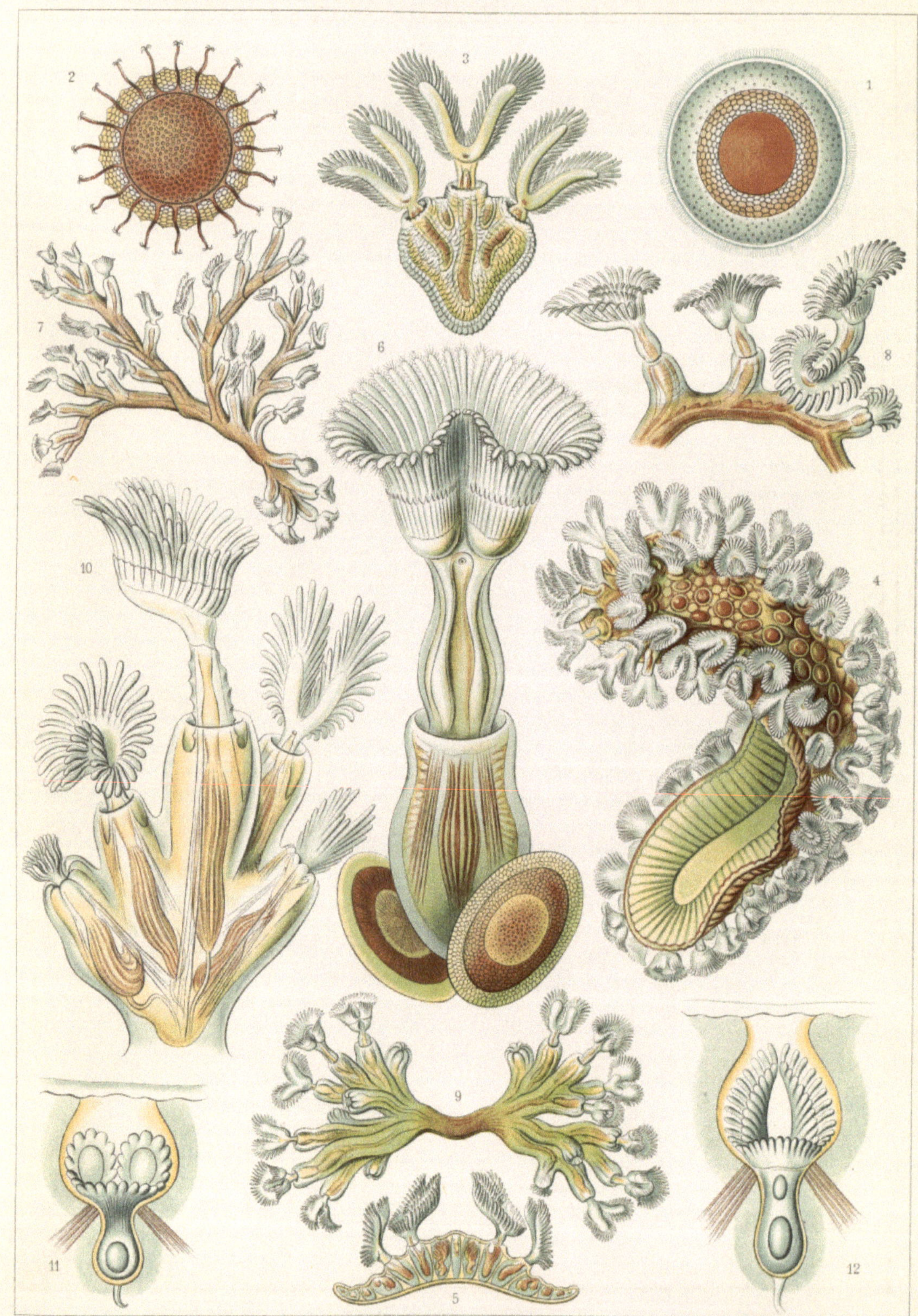

Bryozoa. — Moostiere.

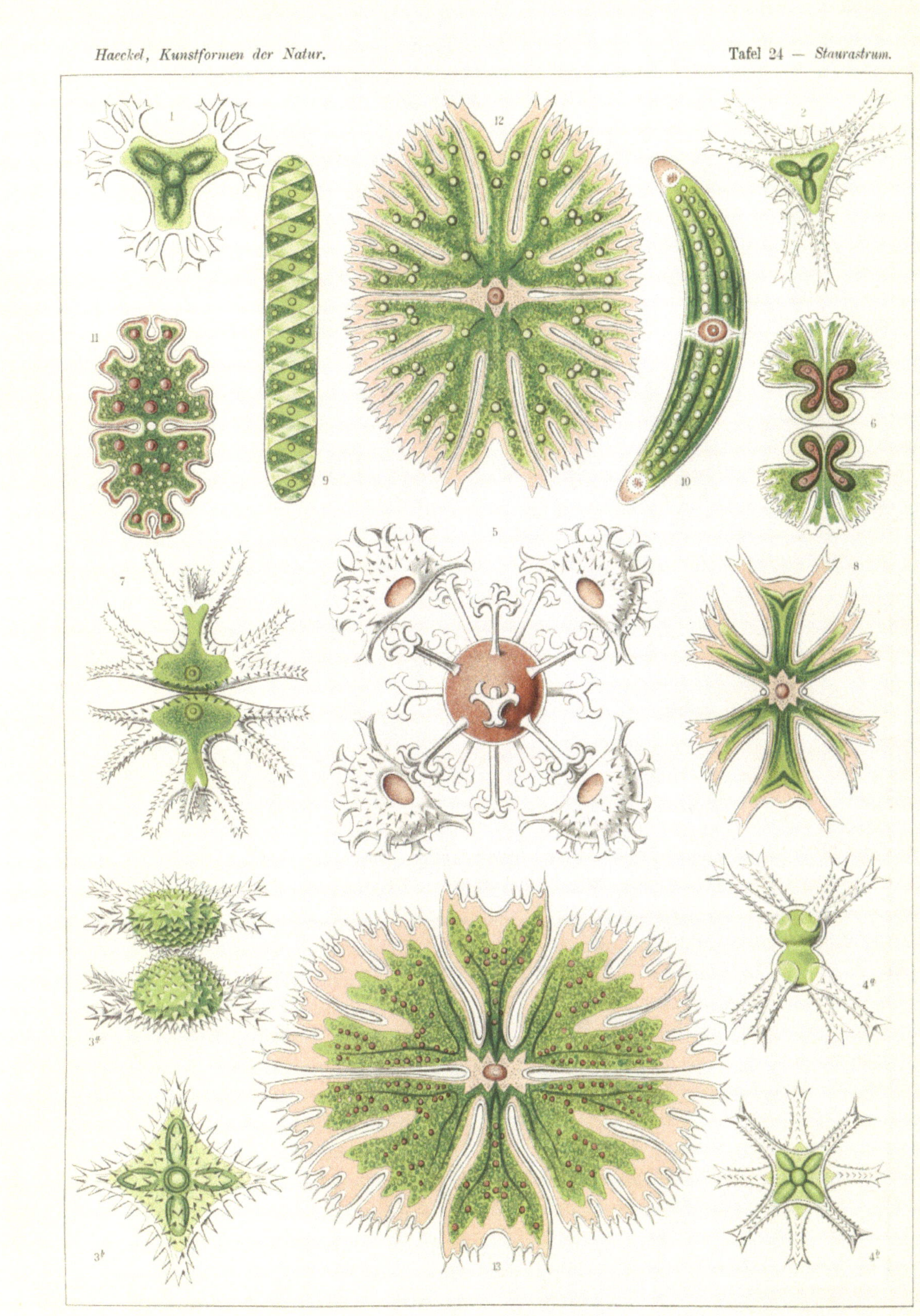
Haeckel, Kunstformen der Natur.
Tafel 24 — Staurastrum.
Desmidiea. — Zierdinge.

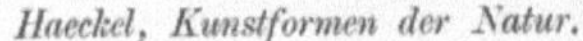

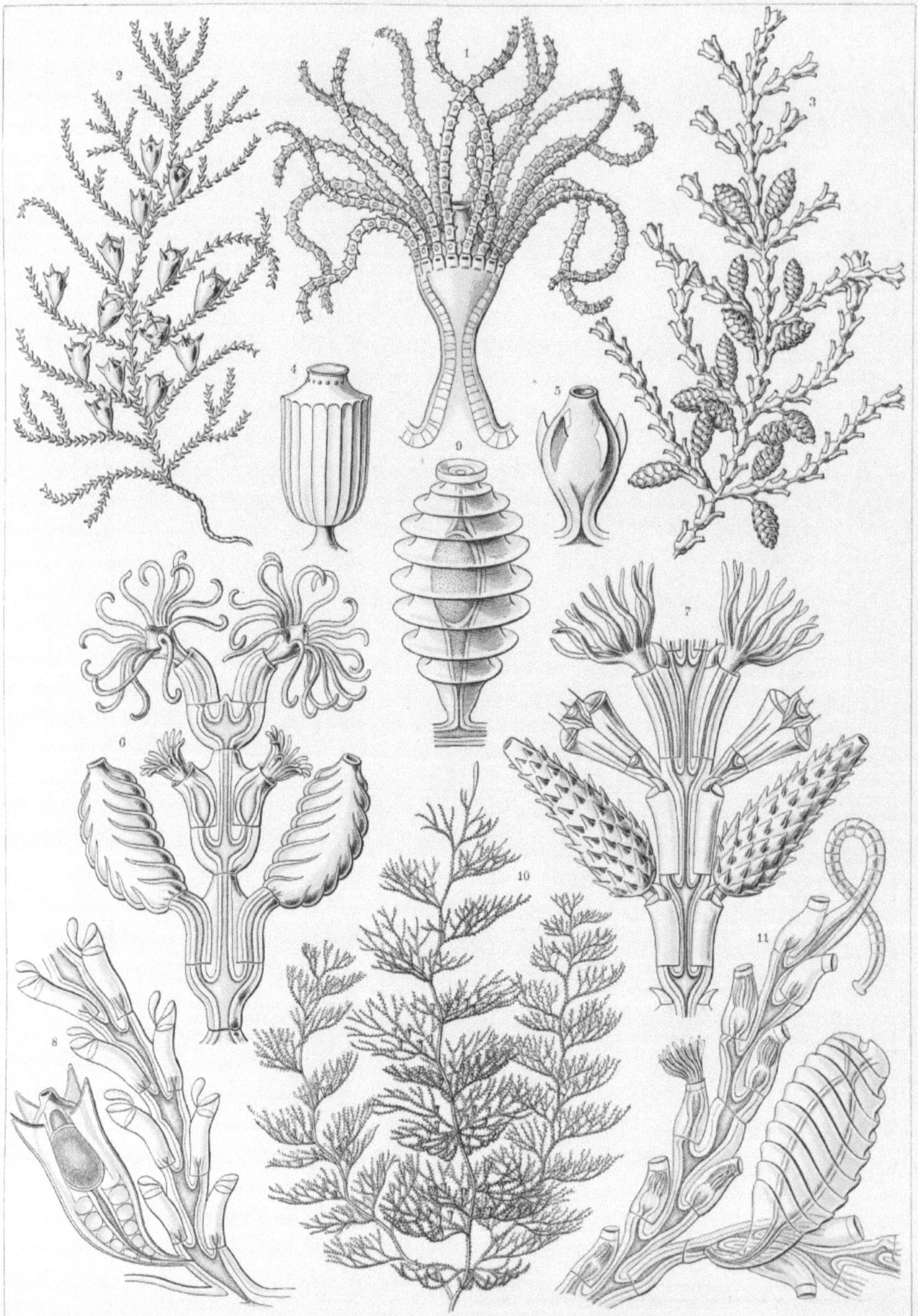

Sertulariae. — Reihenpolypen.

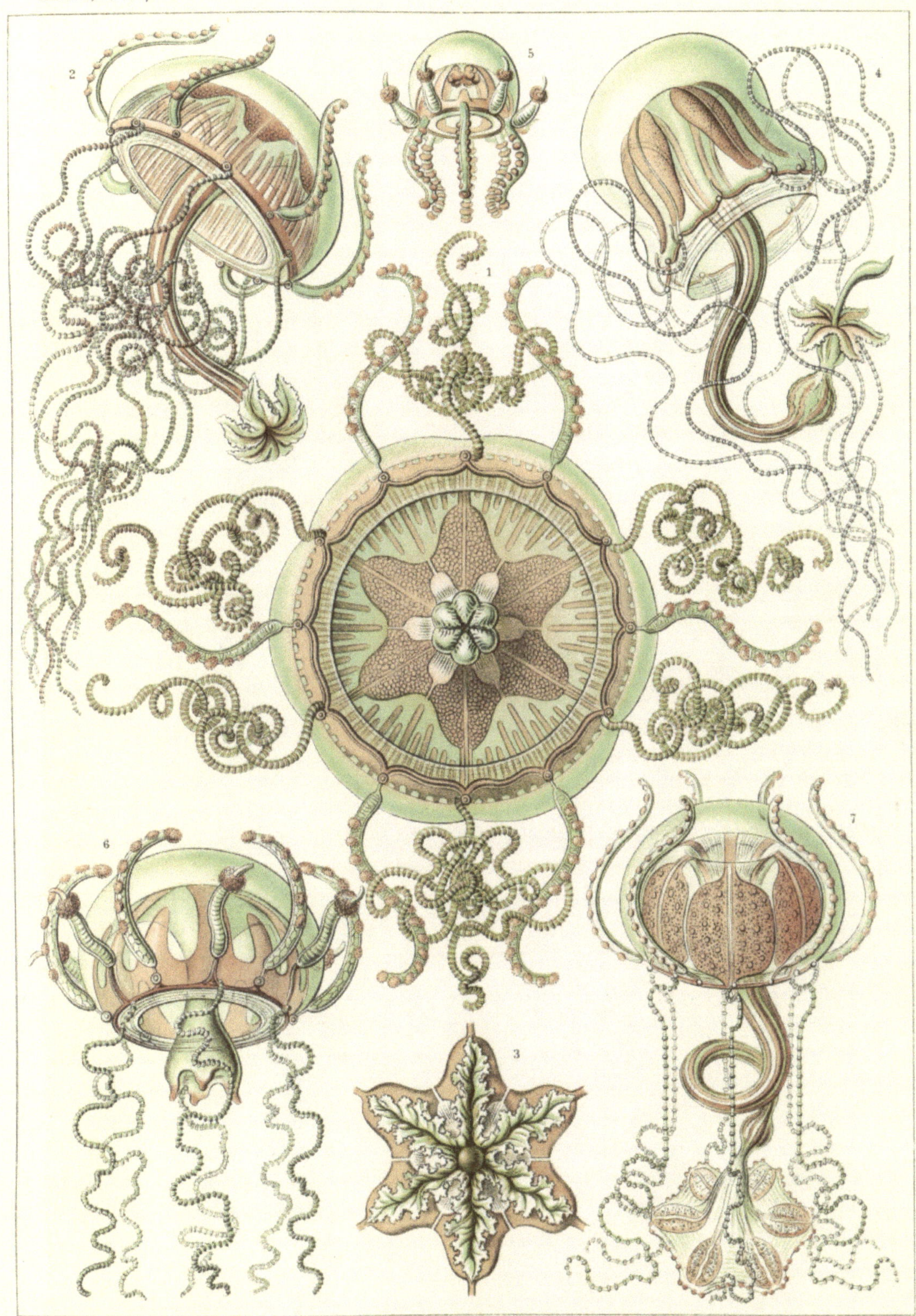


## Trachomedusae. — Kolbenquallen.

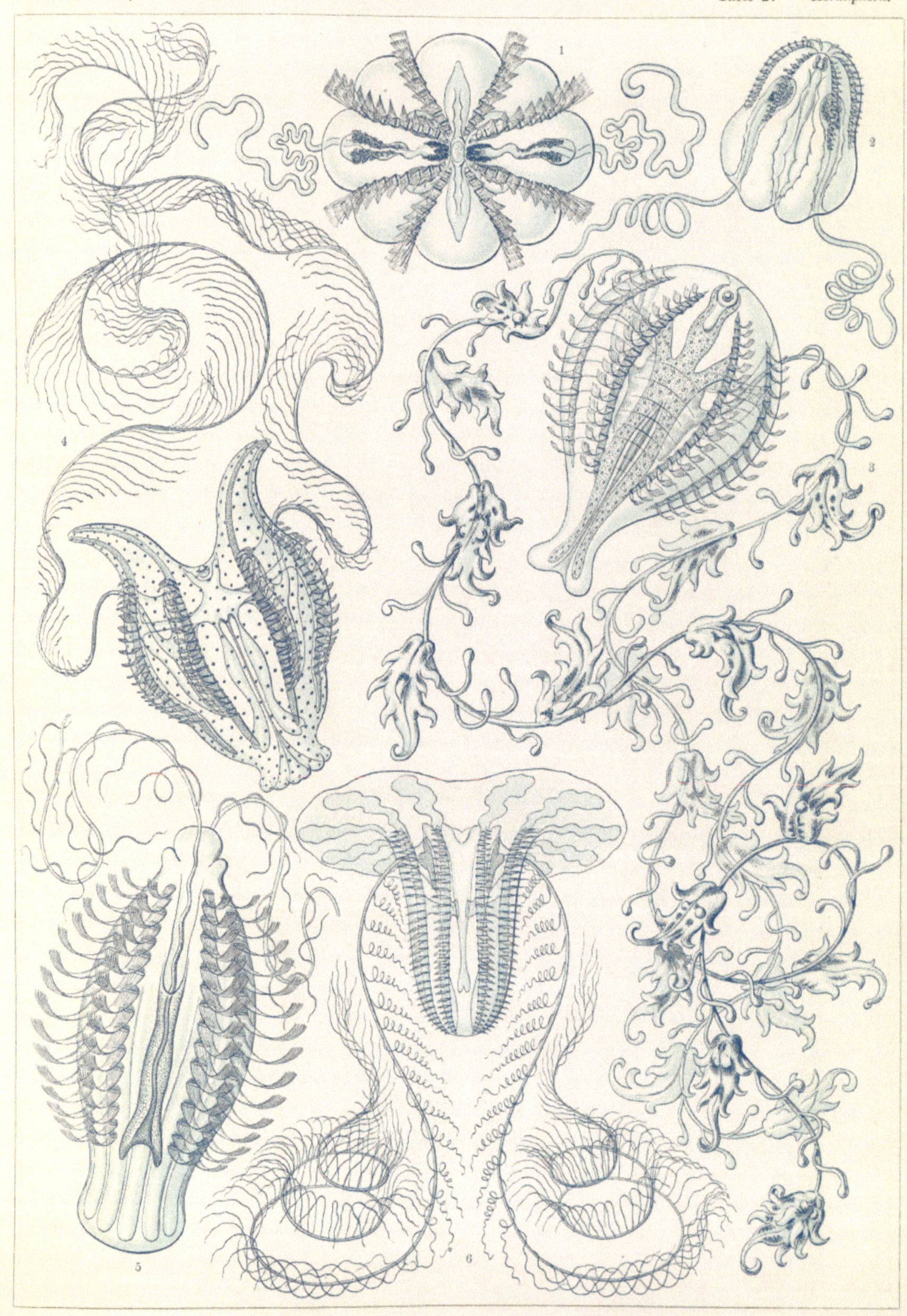

Ctenophorae. — Kammquallen.

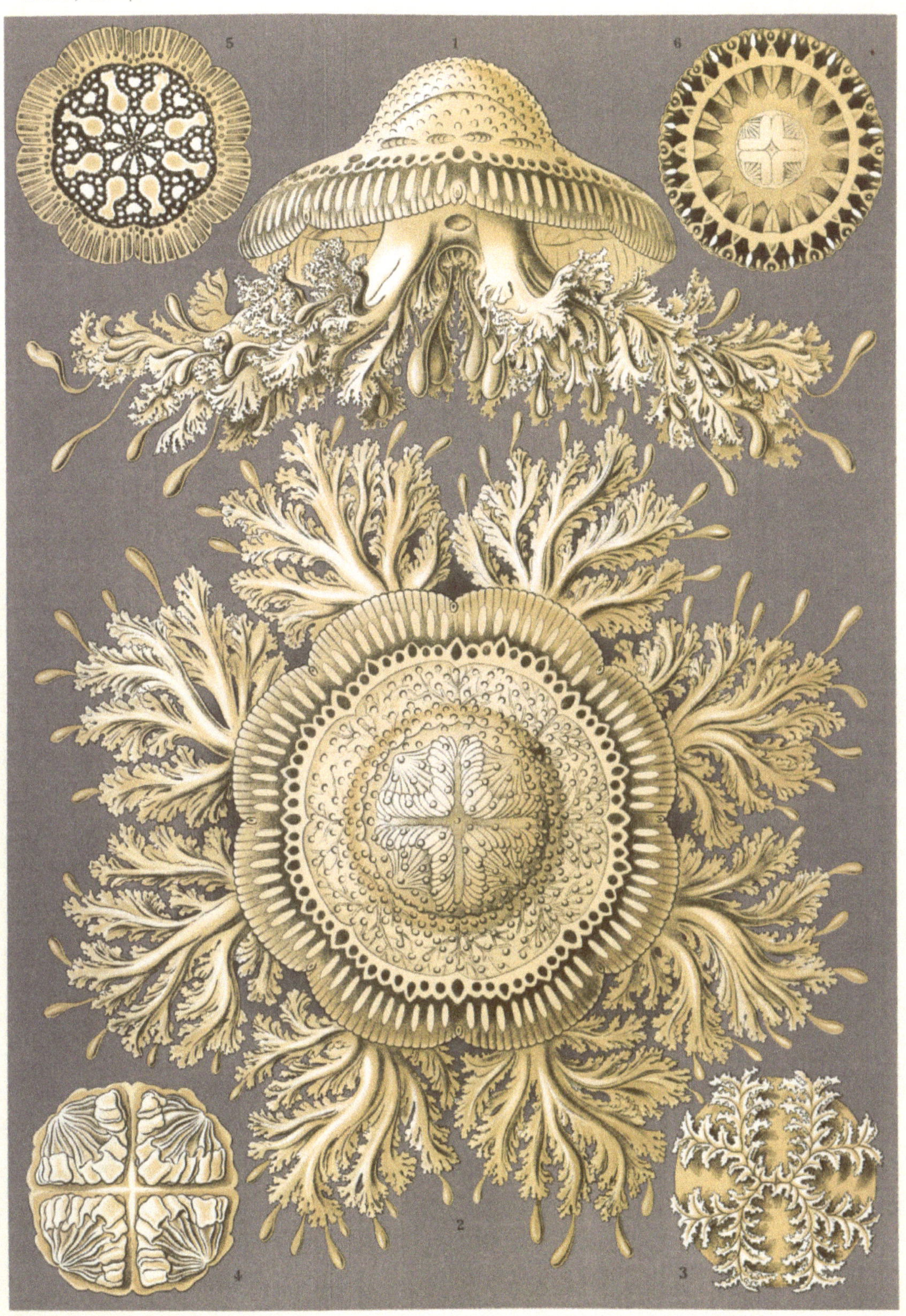

Discomedusae. — Scheibenquallen.

Haeckel, *Kunstformen der Natur.*

Tafel 29 — *Cyathophyllum.*

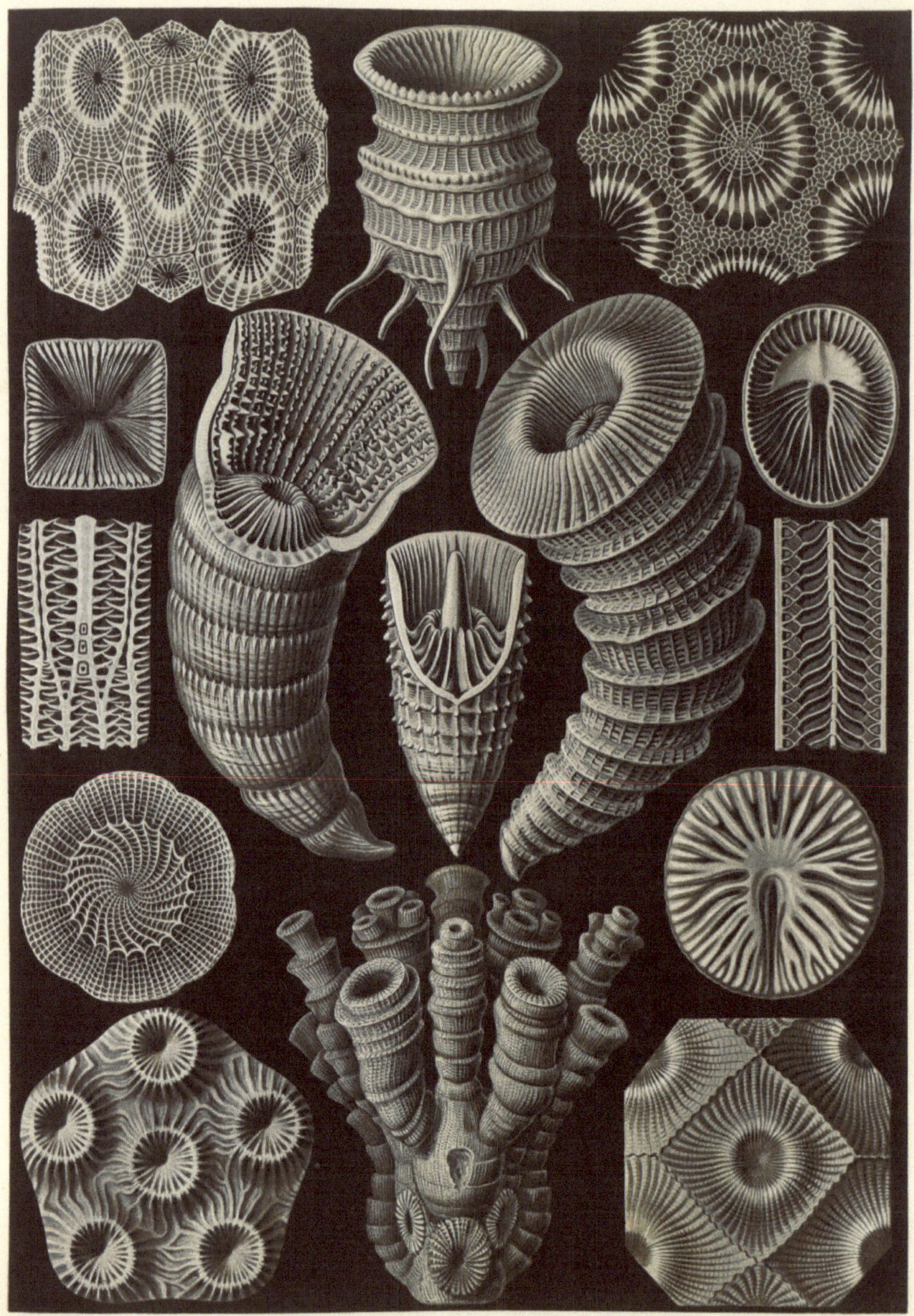

Tetracoralla. — Vierstrahlige Sternkorallen.

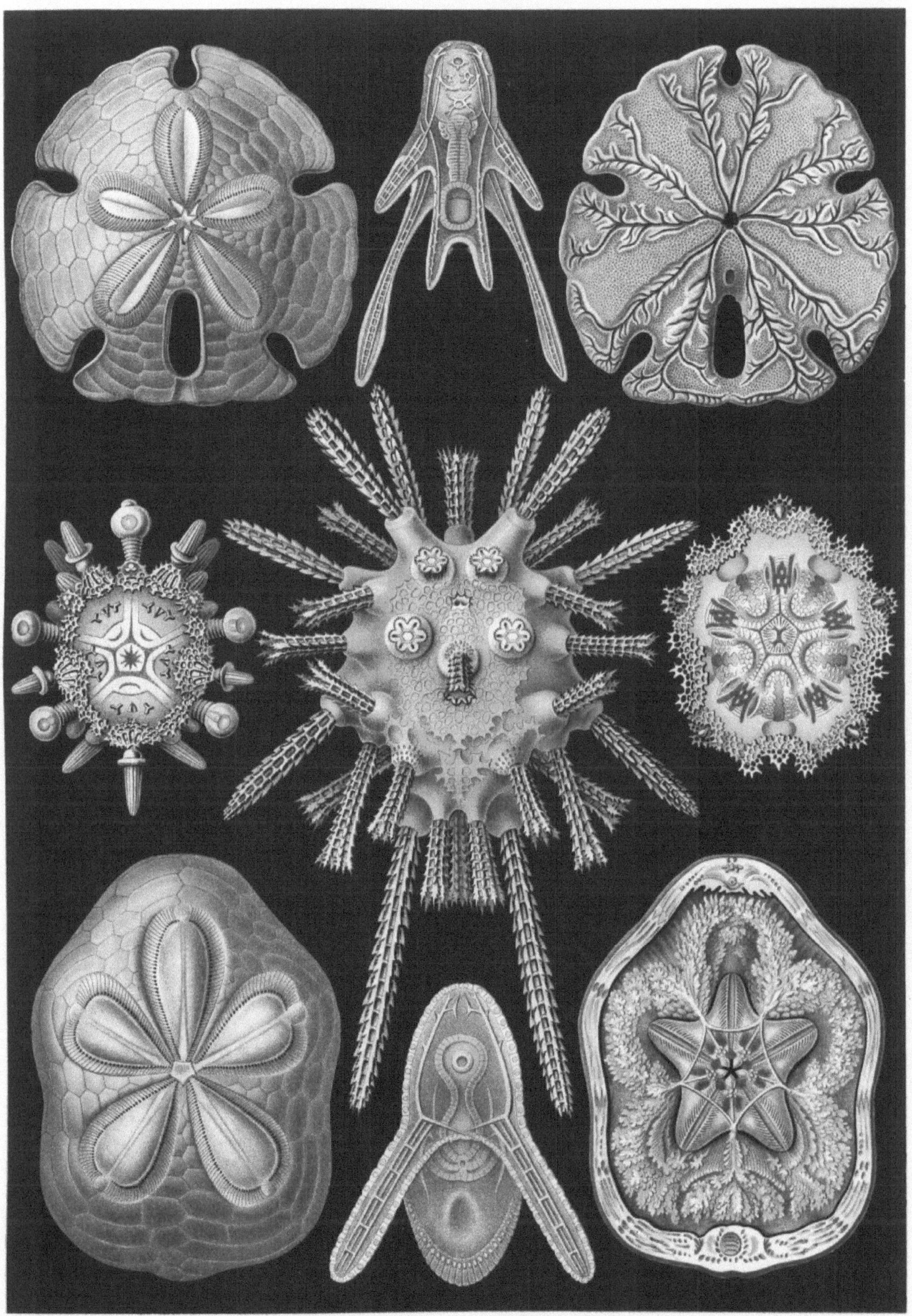

Echinidea. — Igelsterne.

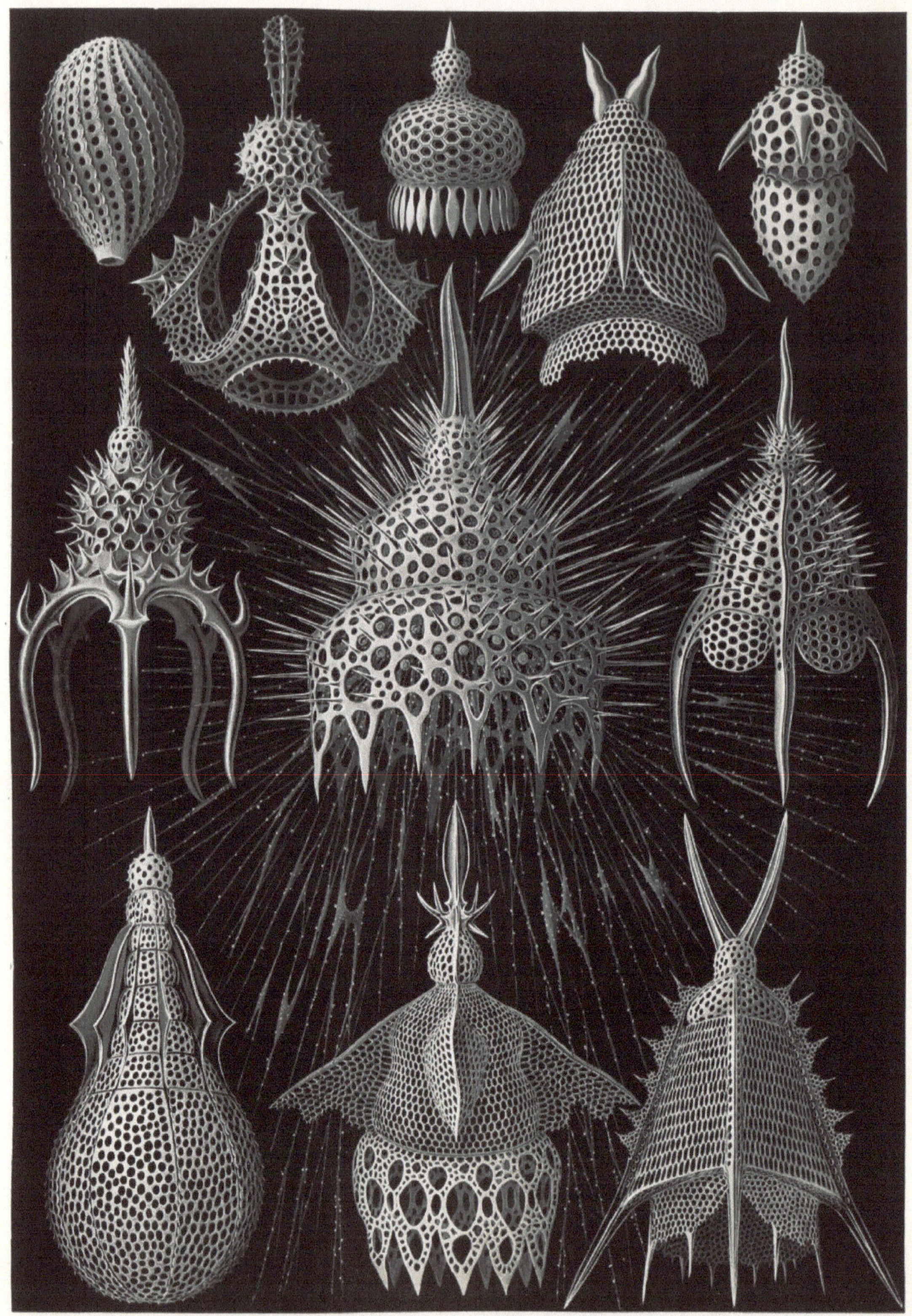



Cyrtoidea. — Flaſchenſtrahlinge.

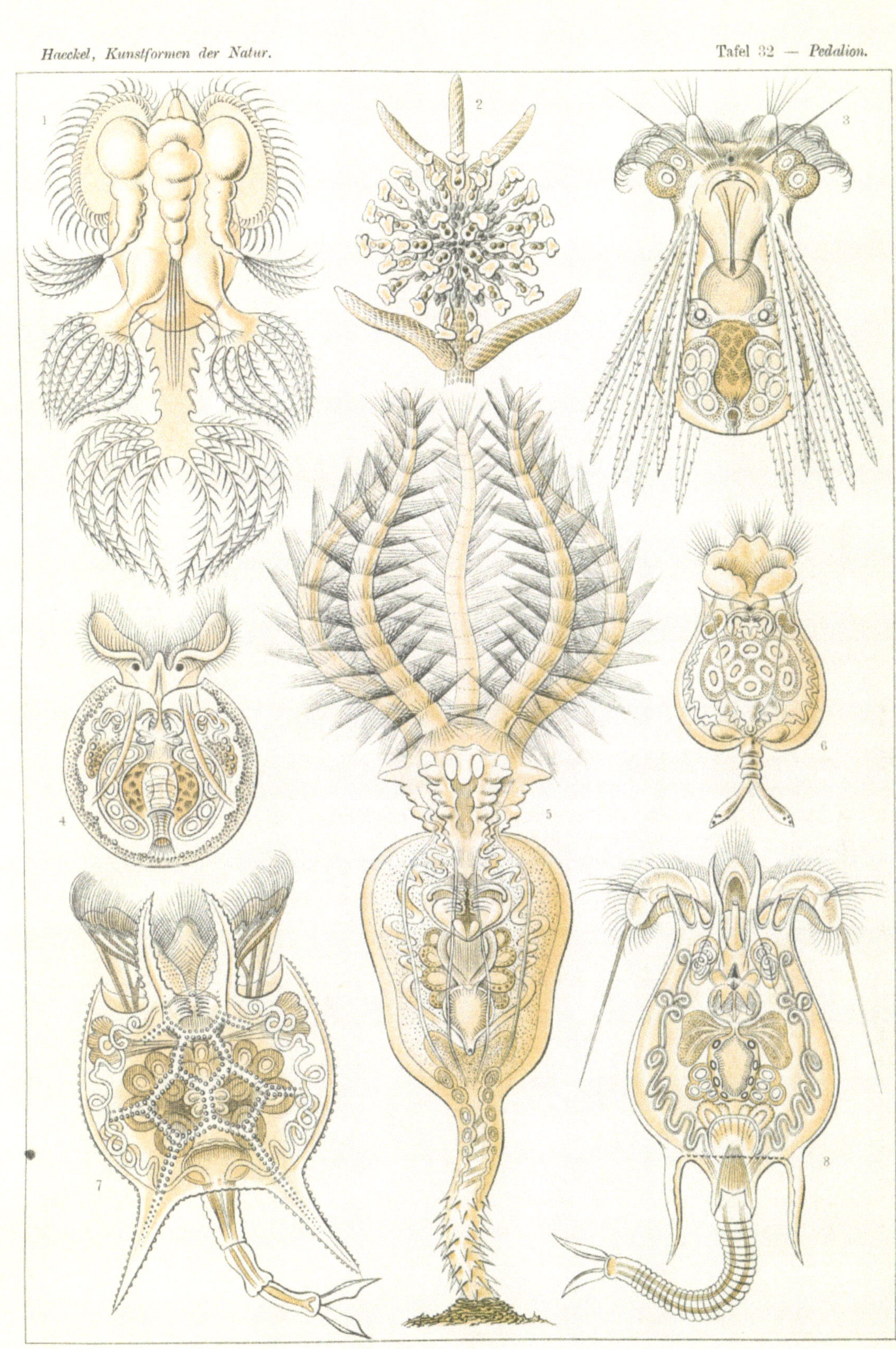
Haeckel, Kunstformen der Natur.
Tafel 32 — Pedalion.
Rotatoria. — Rädertiere.

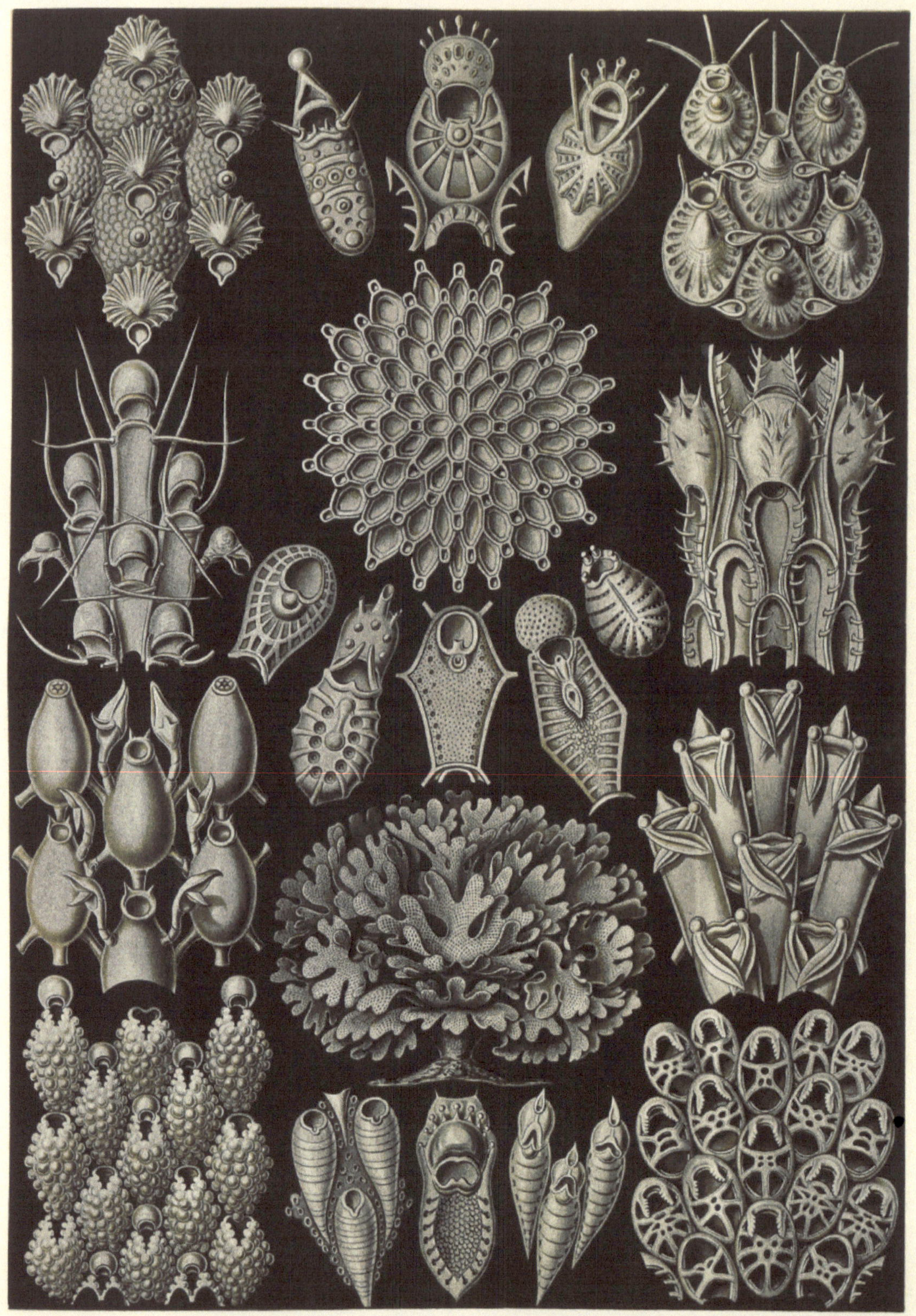

Bryozoa. — Moostiere.

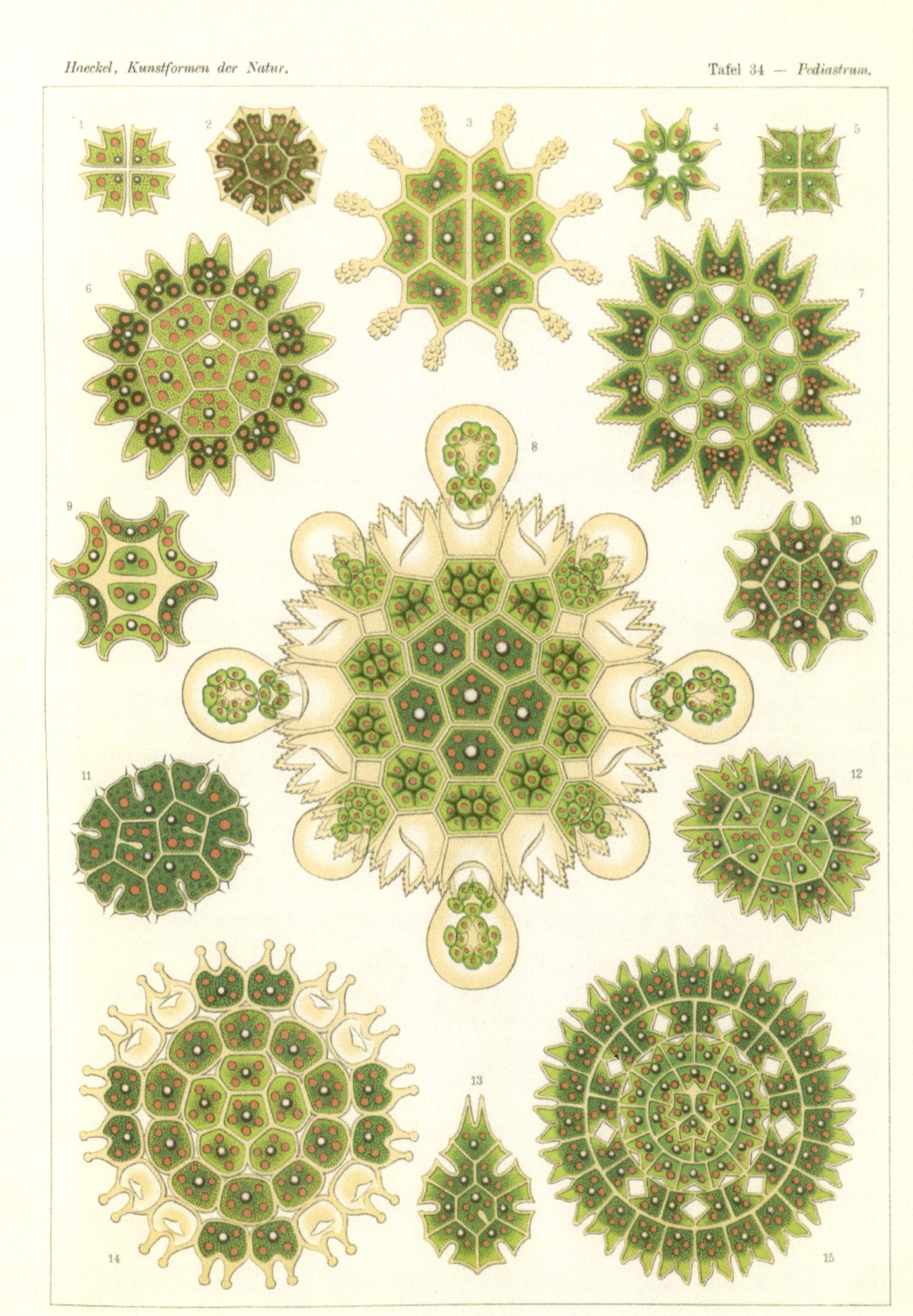



Melethallia. — Gesellige Algetten.

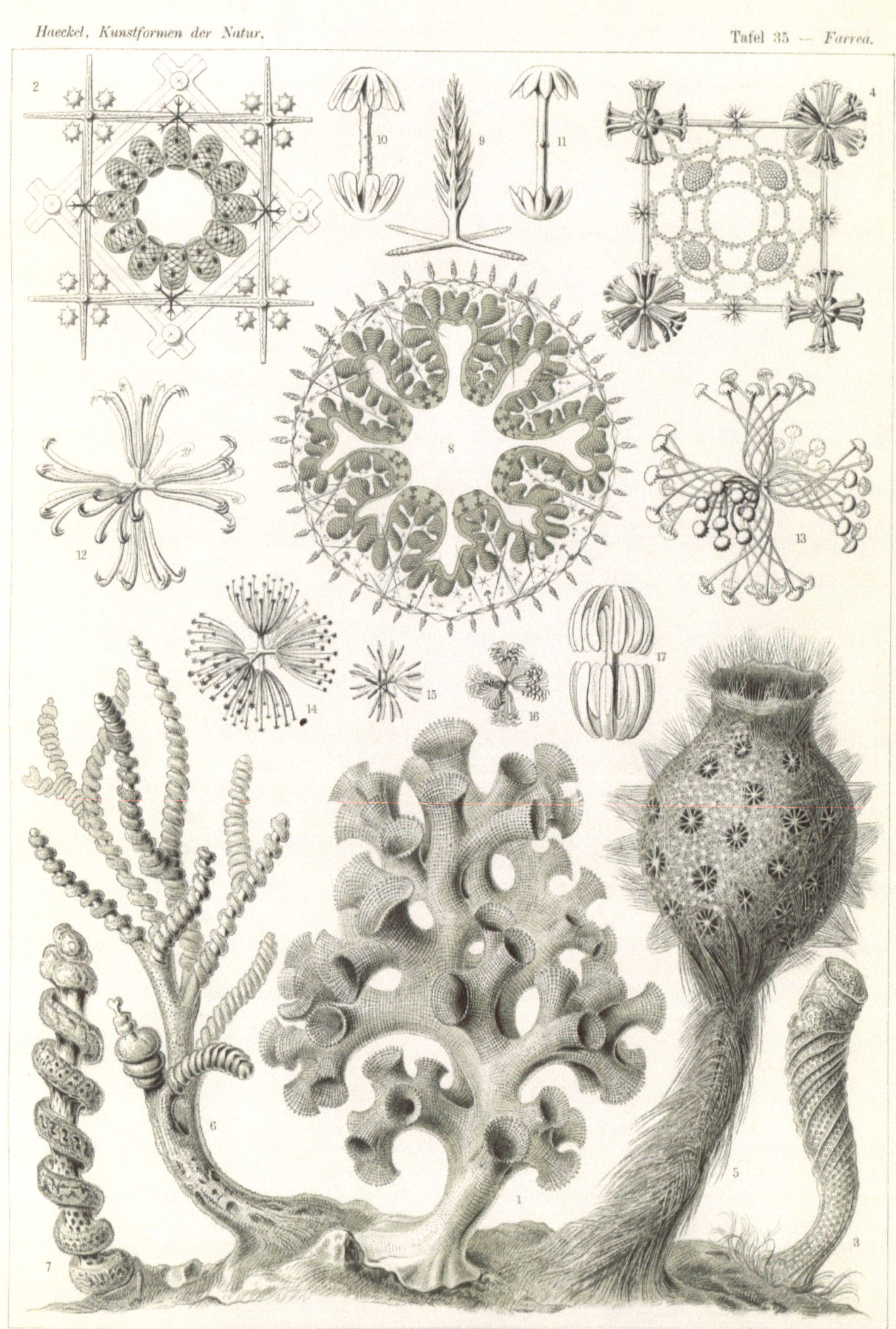

Haeckel, Kunstformen der Natur.
Tafel 35 — Farrea.
Hexactinellae. — Glasschwämme.

Haeckel, Kunstformen der Natur.
Tafel 36 — Aequorea.

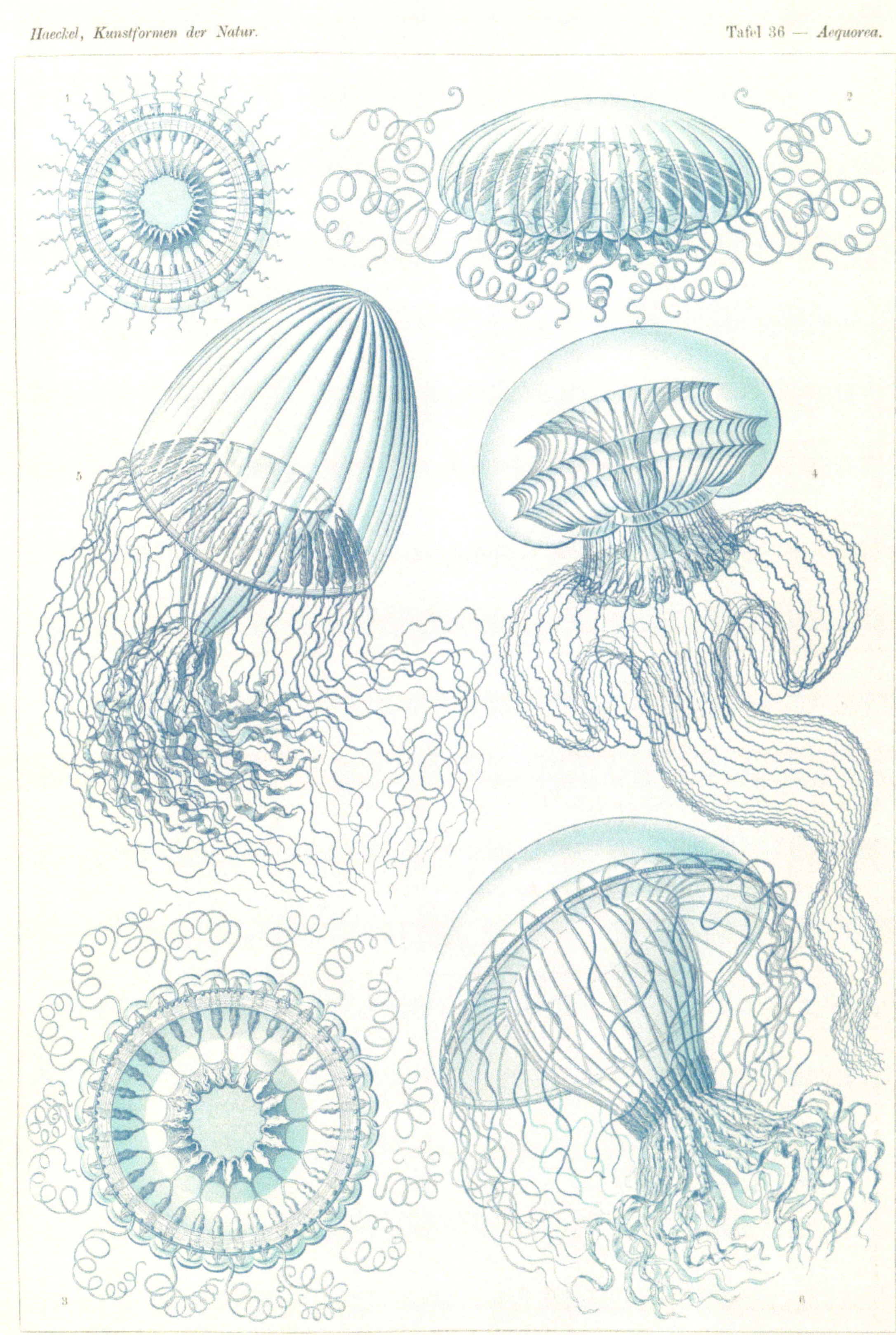

Leptomedusae. — Faltenquallen.

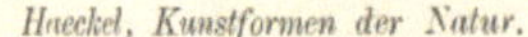

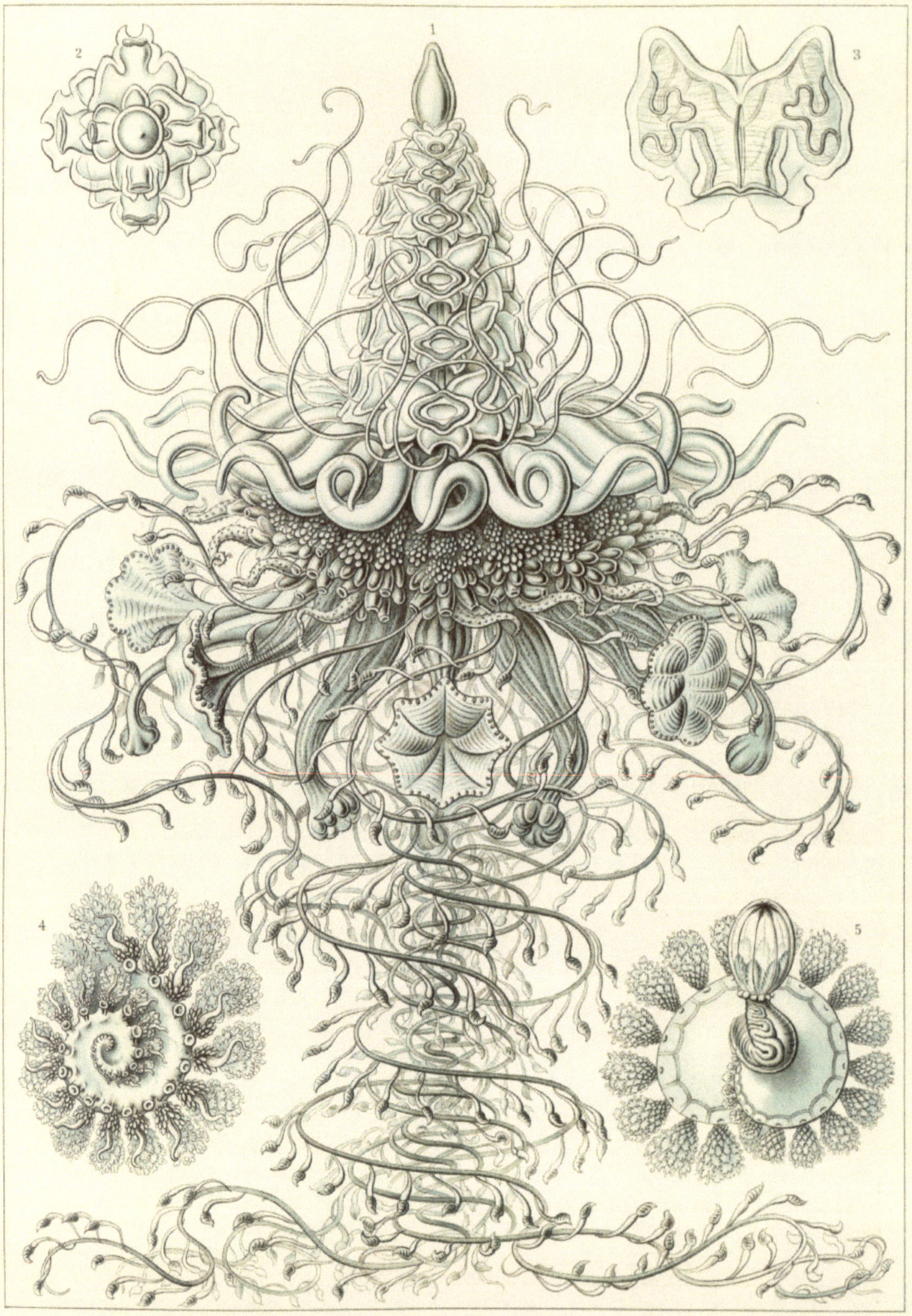

Siphonophorae. — Staatsquallen.

Haeckel, *Kunstformen der Natur.*

Tafel 38 — *Periphylla.*

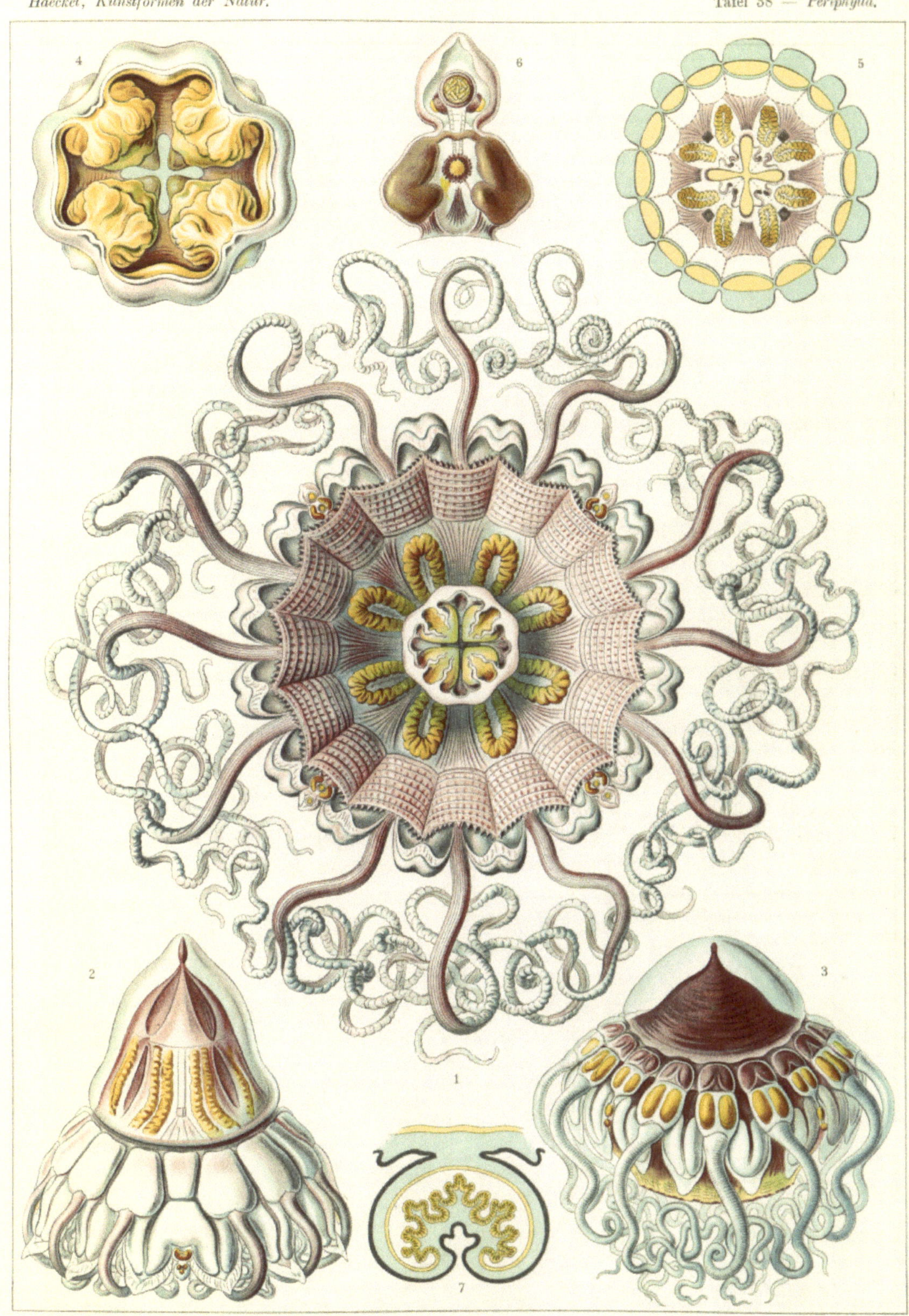

Peromedusae. — Taschenquallen.

*Haeckel, Kunstformen der Natur.*

*Tafel 39 — Gorgonia.*

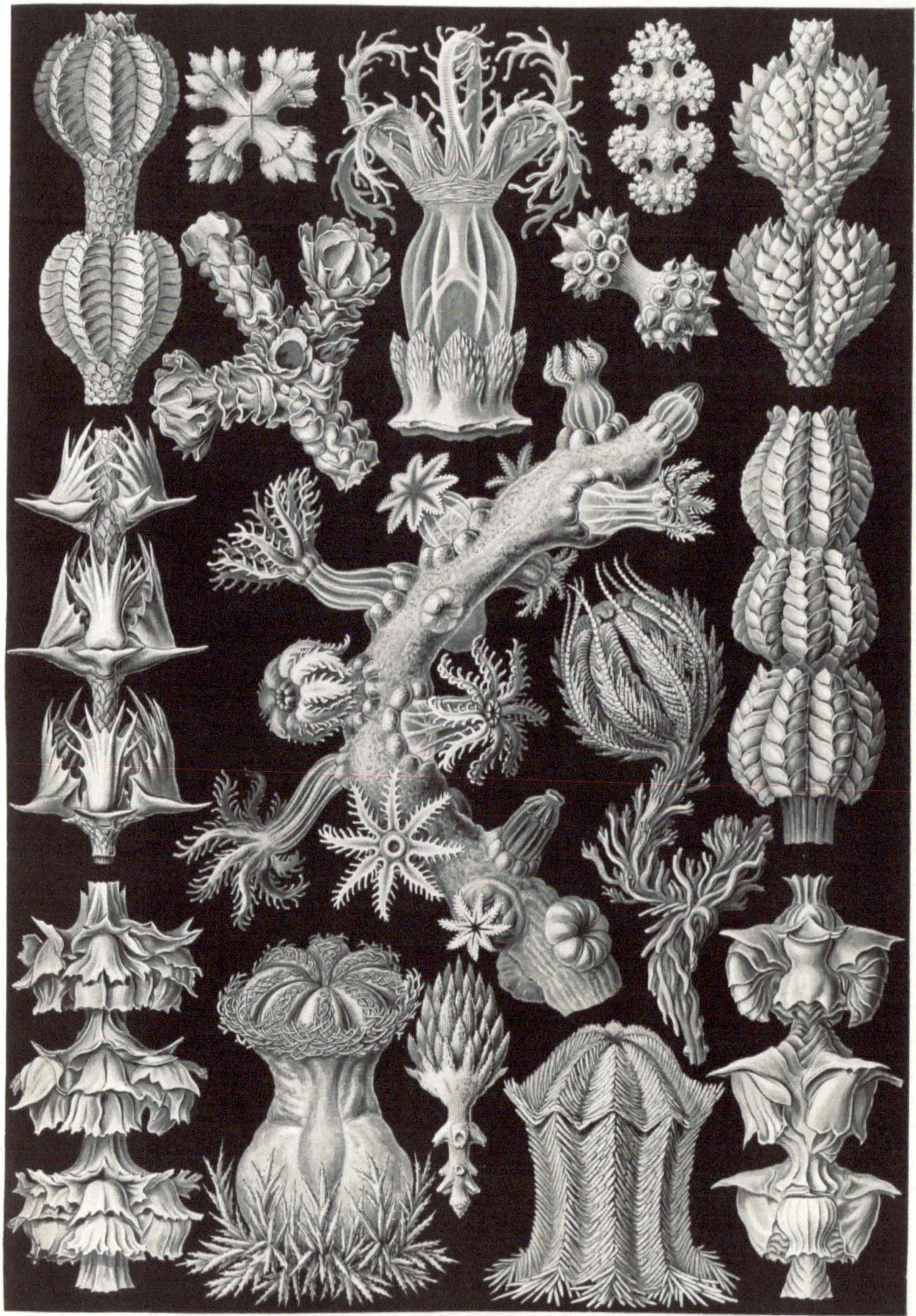

## Gorgonida. — Rindenkorallen.

Tafel 40 — *Asterias.*

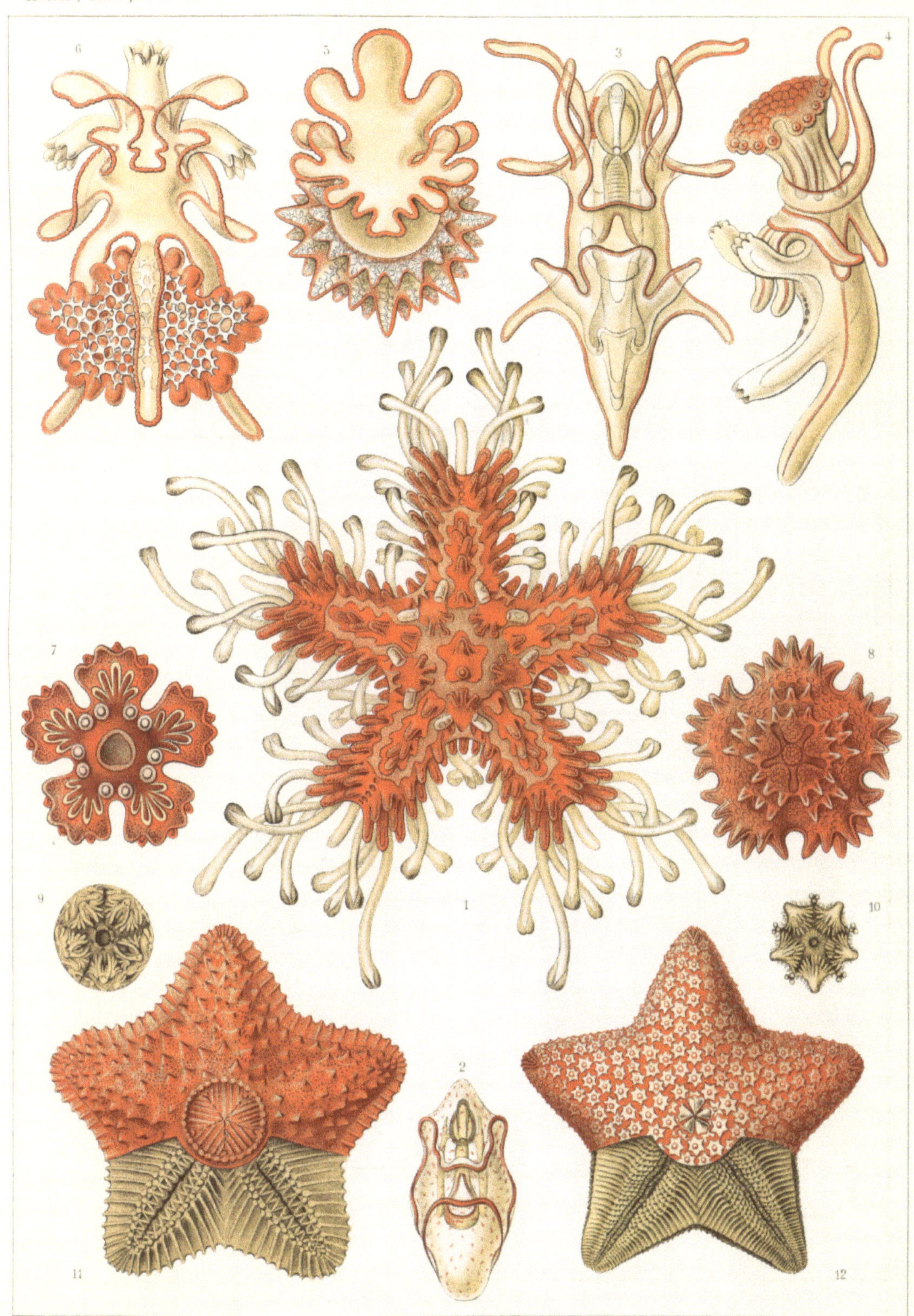

## Asteridea. — Seesterne.

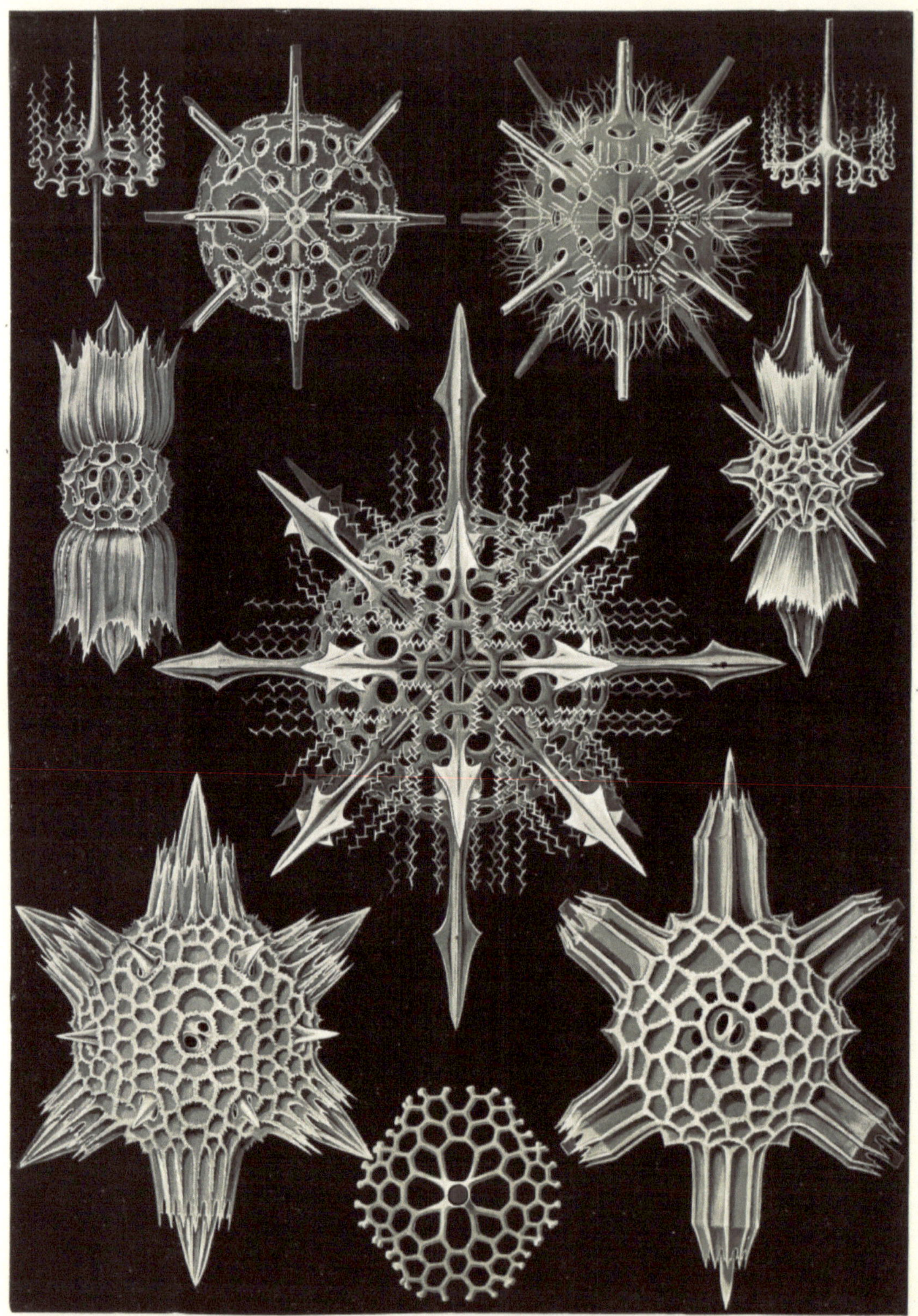

Haeckel, Kunstformen der Natur.
Tafel 41 — Dorataspis.
Acanthophracta. — Wunderstrahlinge.

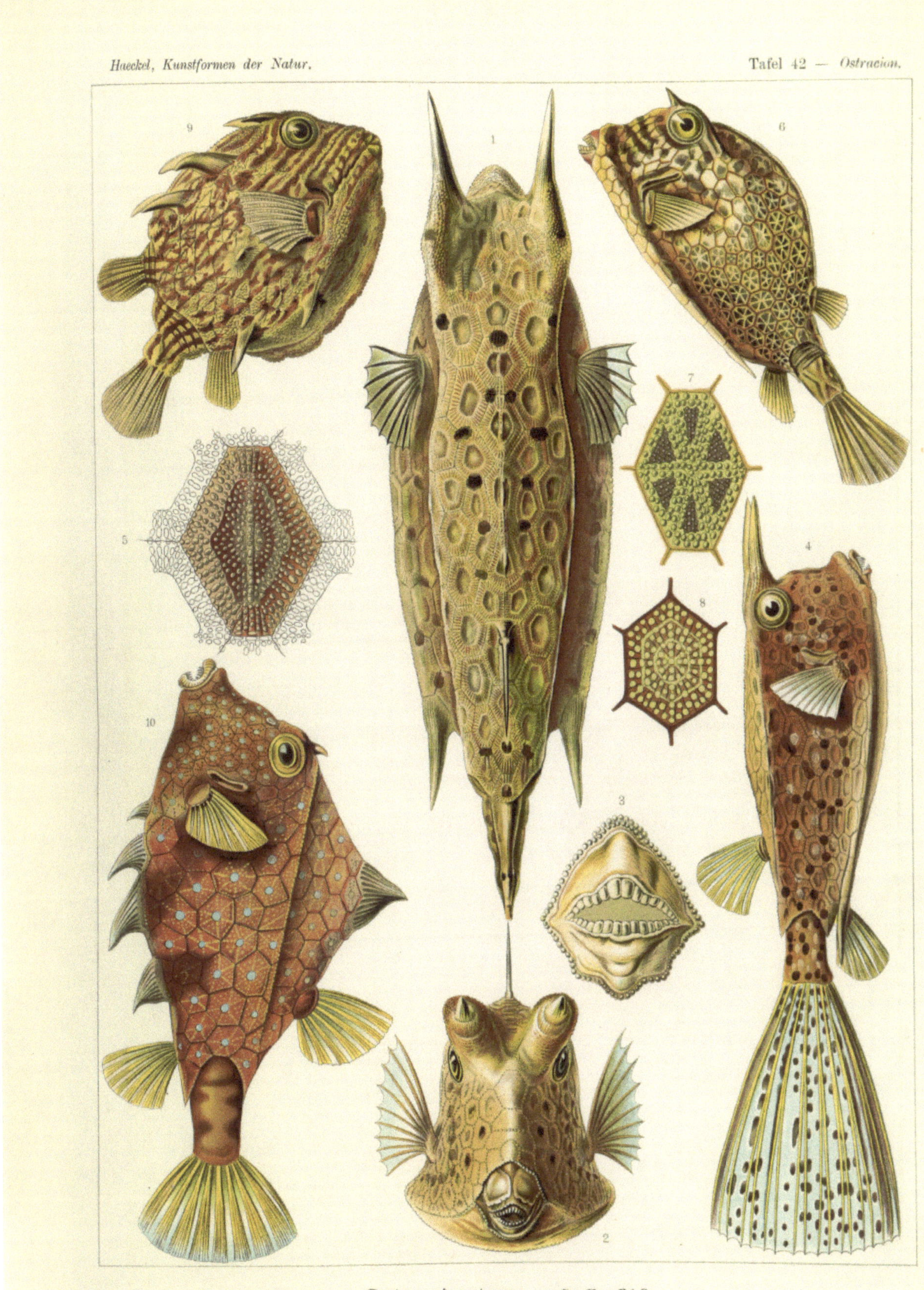
Haeckel, Kunstformen der Natur.
Tafel 42 — Ostracion.
Ostraciontes. — Kofferfische.

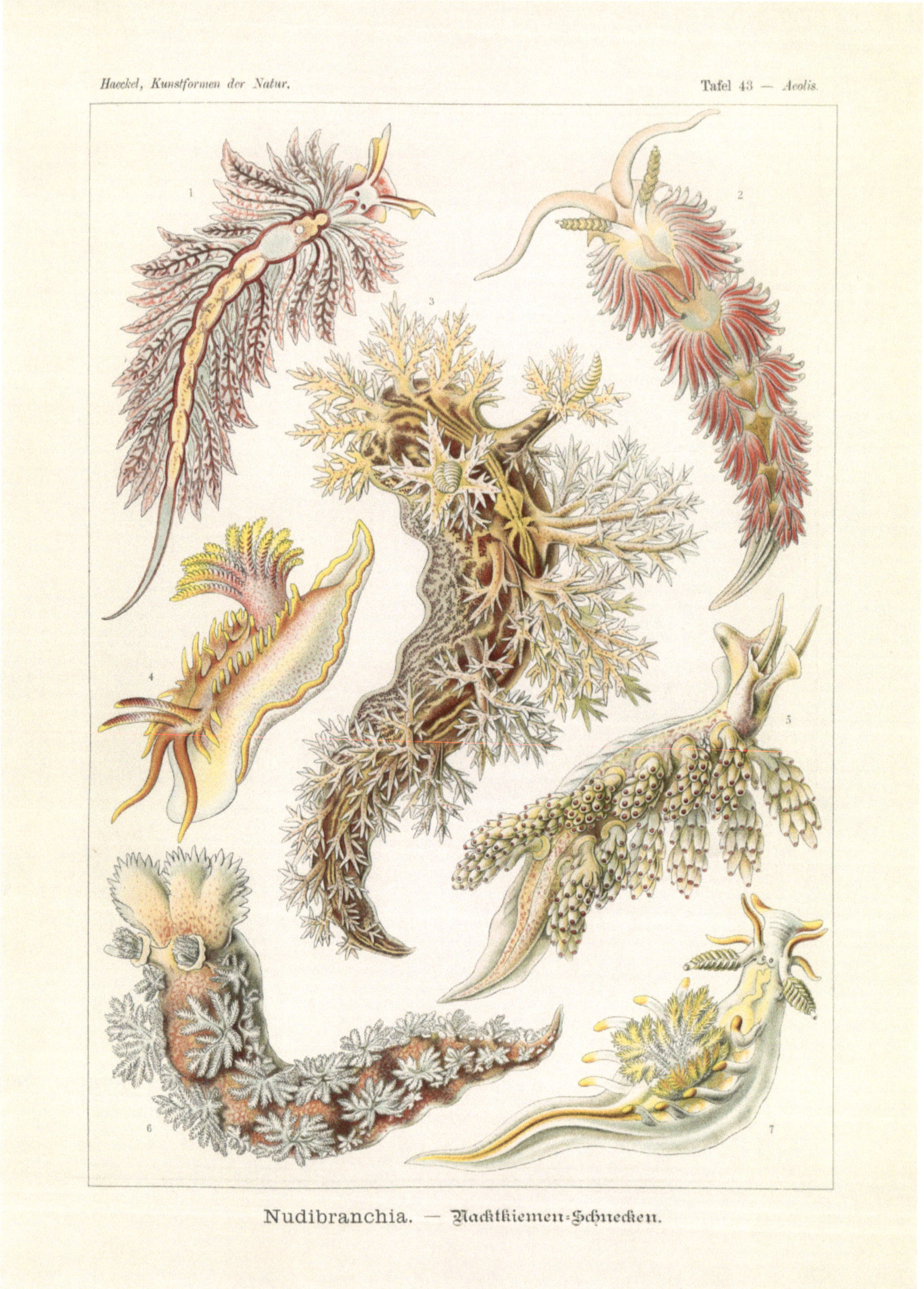

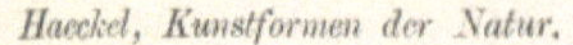
Haeckel, Kunstformen der Natur.
Tafel 43 — Aeolis.
Nudibranchia. — Nacktkiemen-Schnecken.

 Tafel 44 — Ammonites.

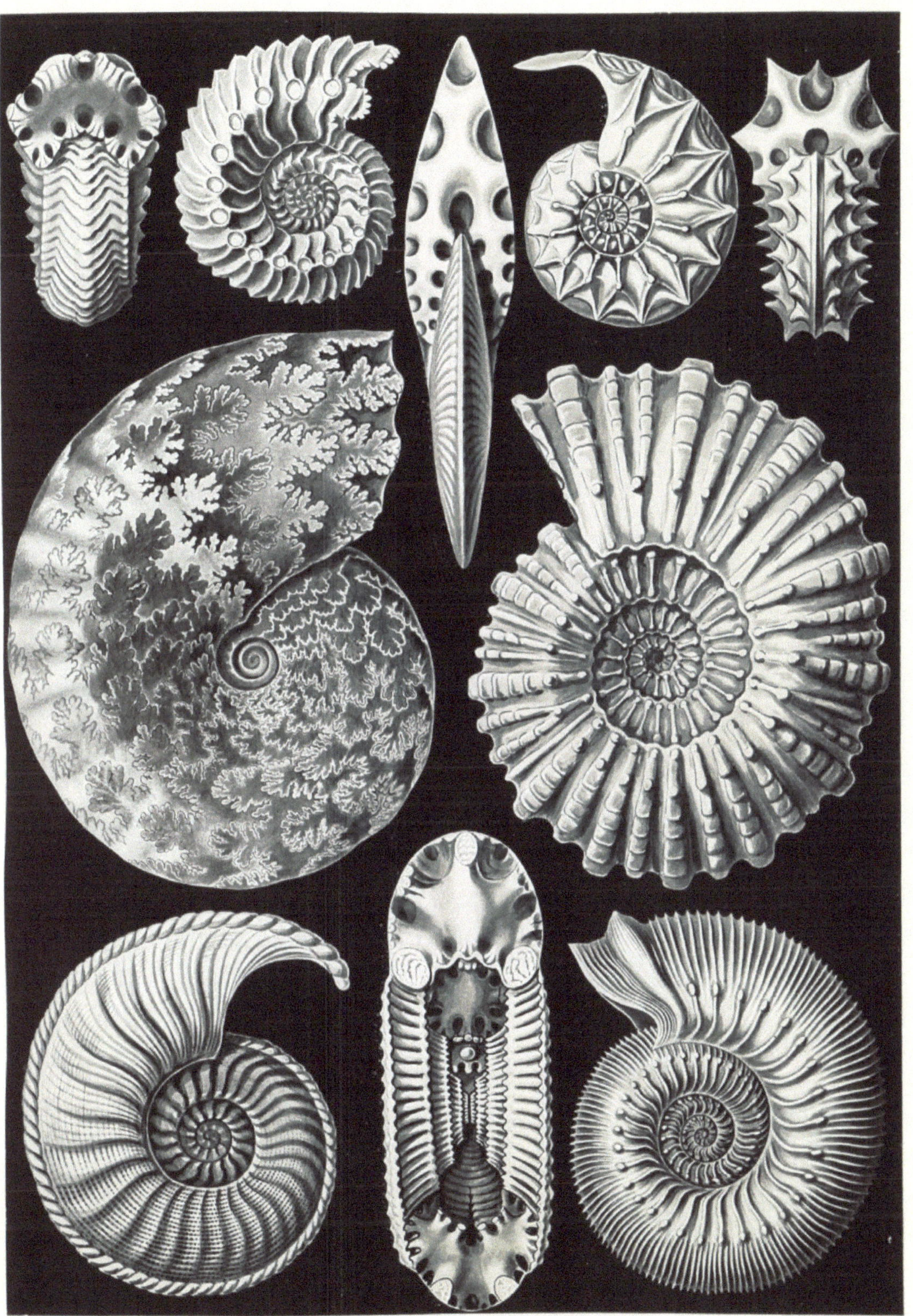

Ammonitida. — Ammonshörner.

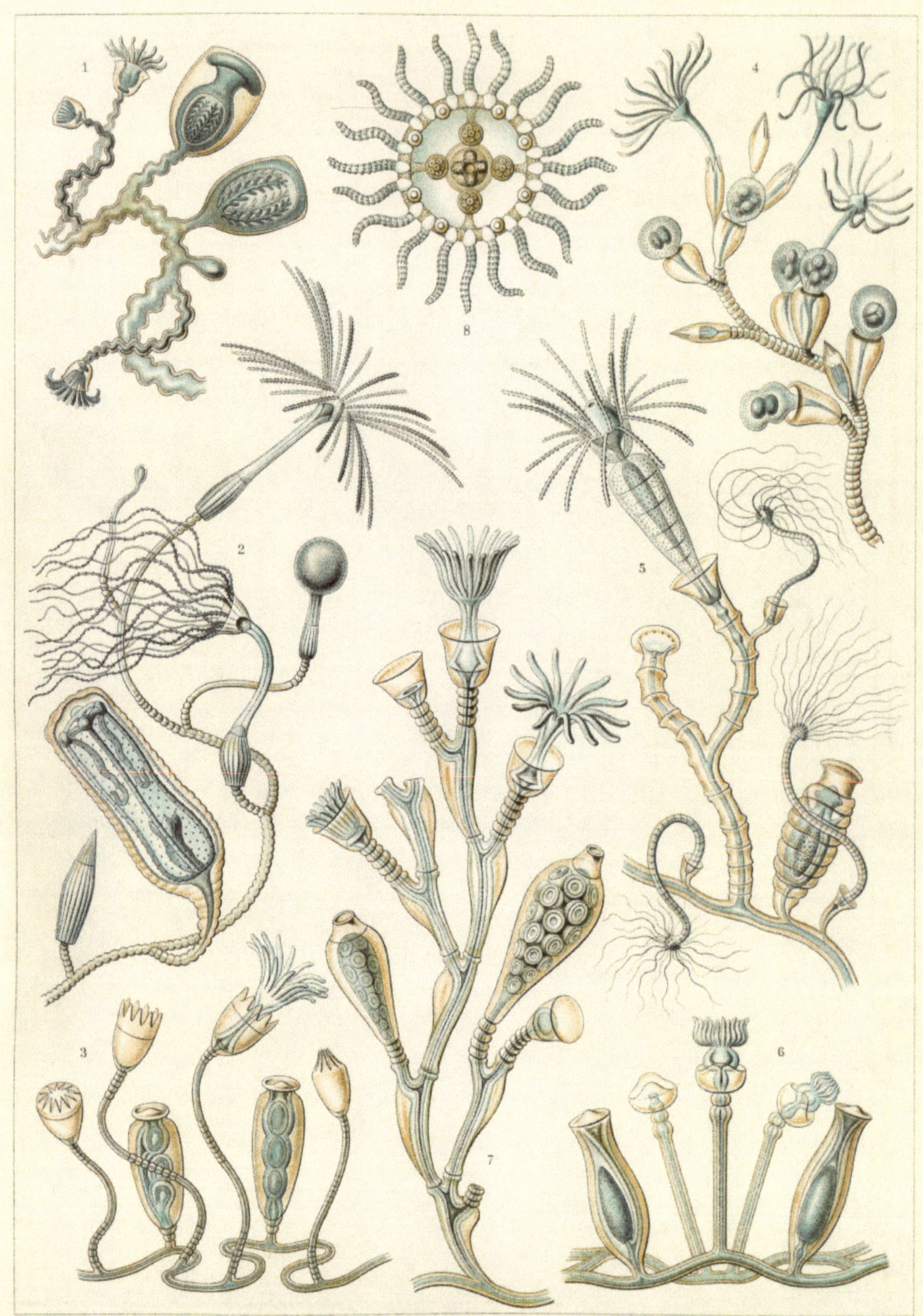
Haeckel, Kunstformen der Natur.
Tafel 45 — Campanulina.
1
4
8
2
5
3
7
6
Campanariae. — Glockenpolypen.

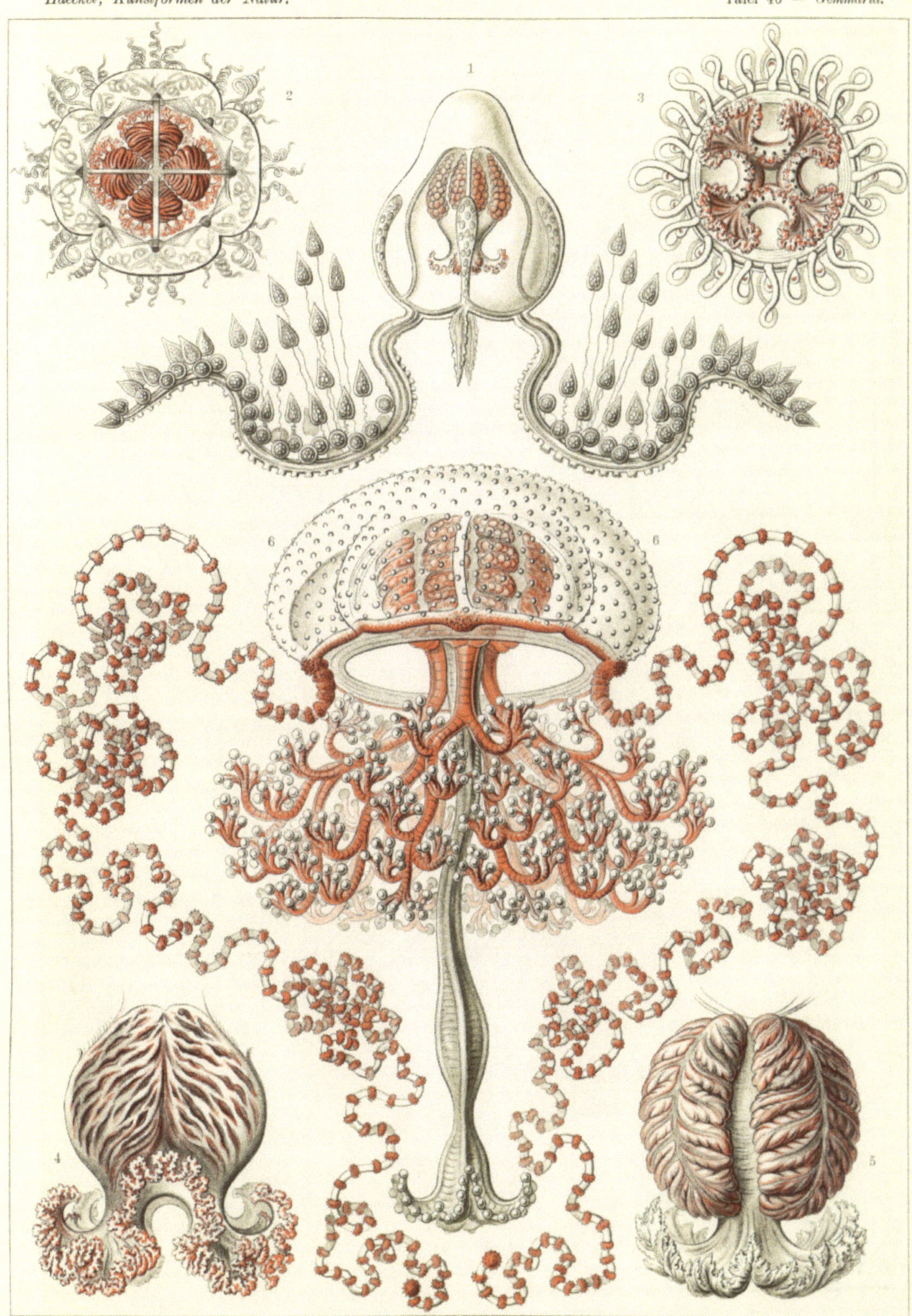


Anthomedusae. — Blumenquallen.

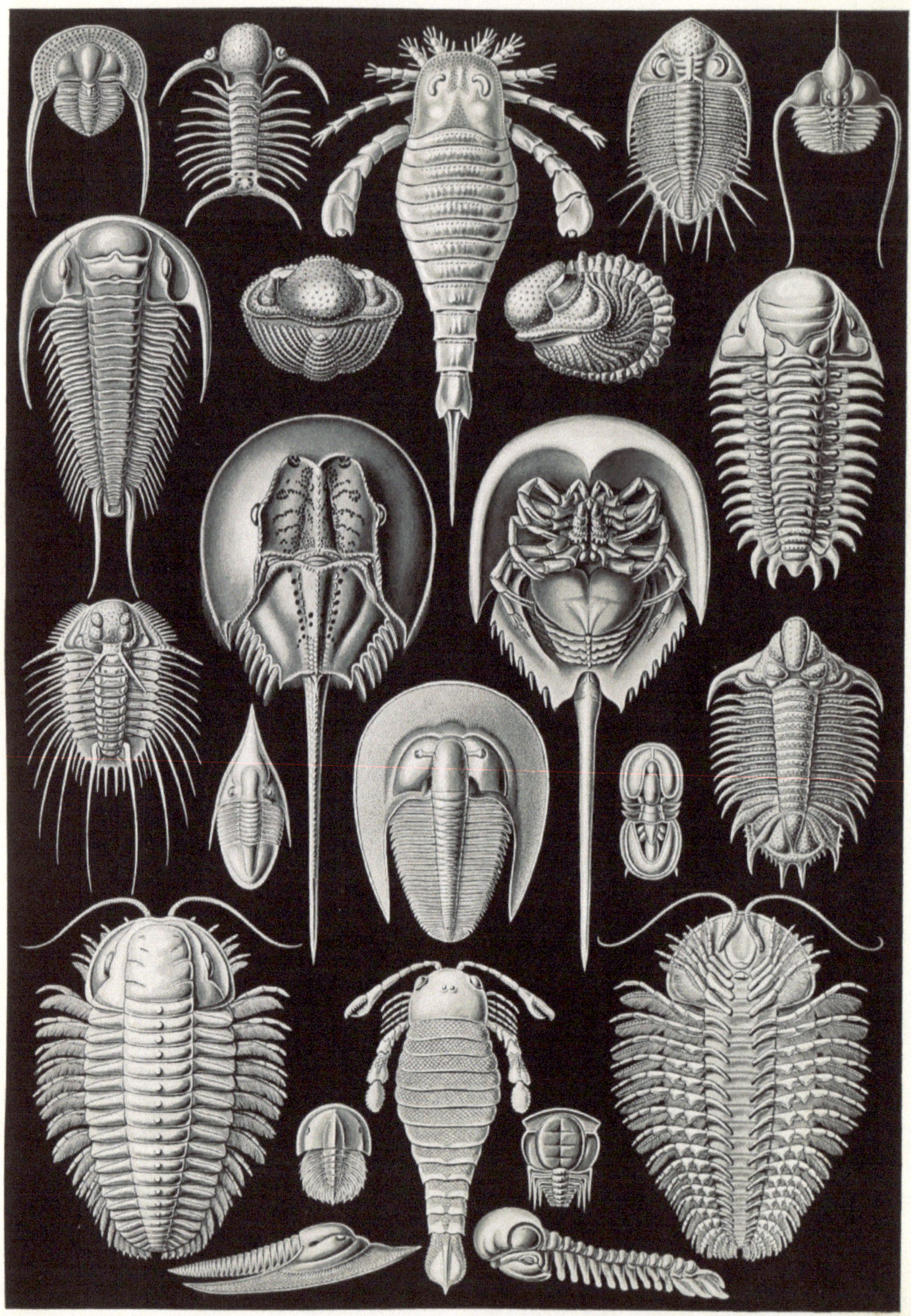
Haeckel, Kunstformen der Natur.
Tafel 47 — Limulus.
Aspidonia. — Schildtiere.

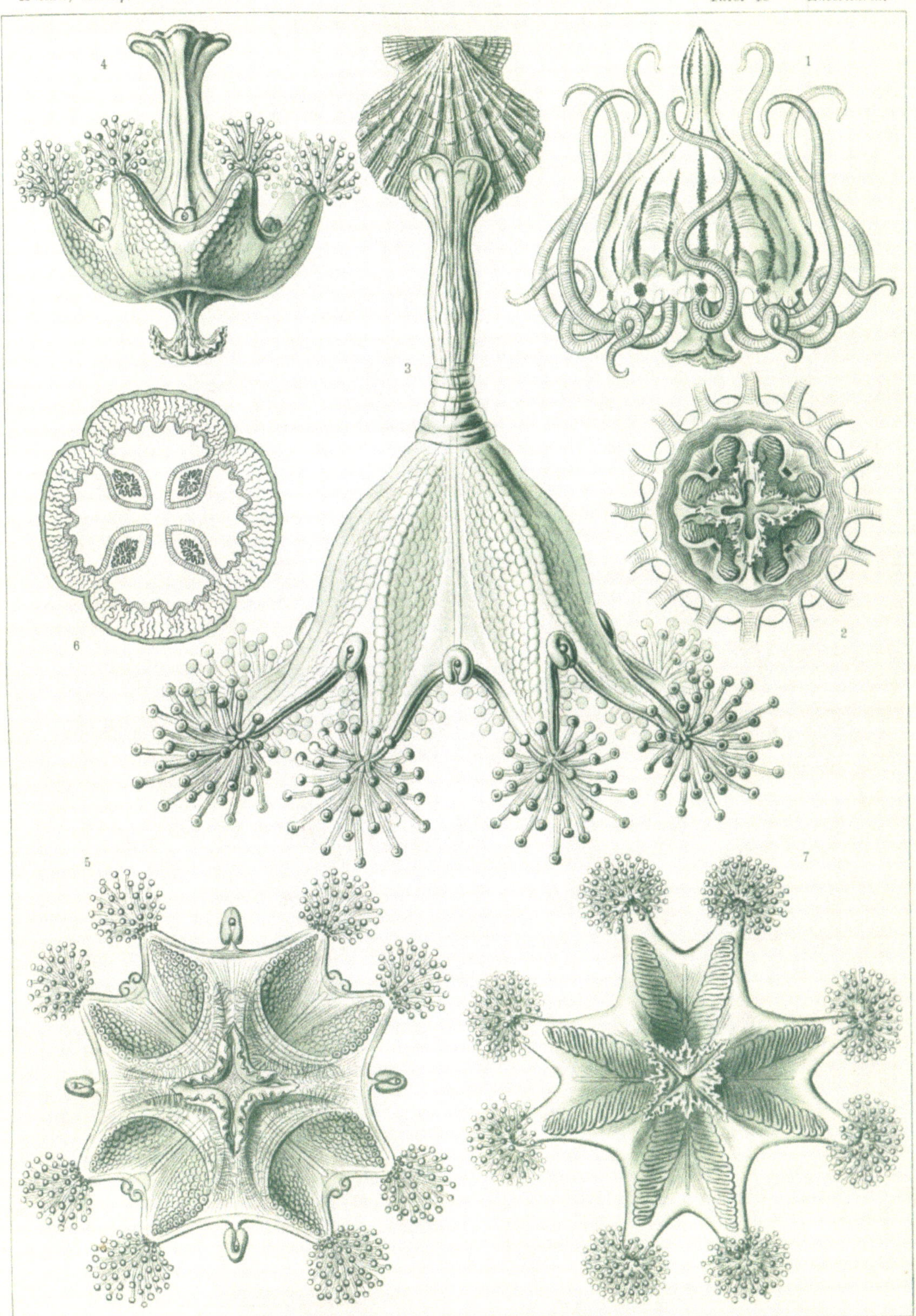



Stauromedusae. — Becherquallen.

Haeckel, Kunstformen der Natur.

Tafel 49 — Heliactis.

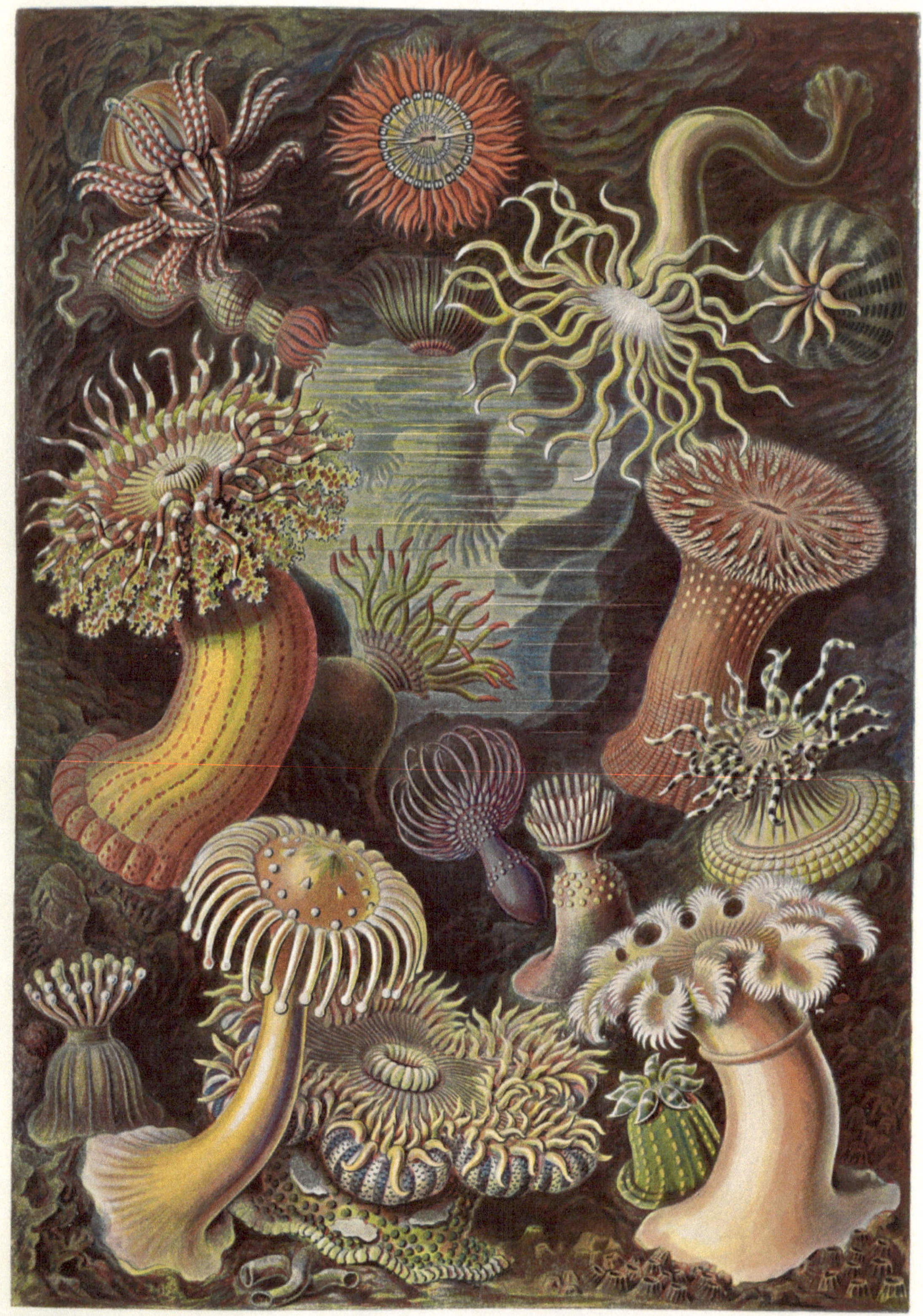

Actiniae. — Seeanemonen.

Haeckel, Kunstformen der Natur.

Tafel 50 — Sporadipus.

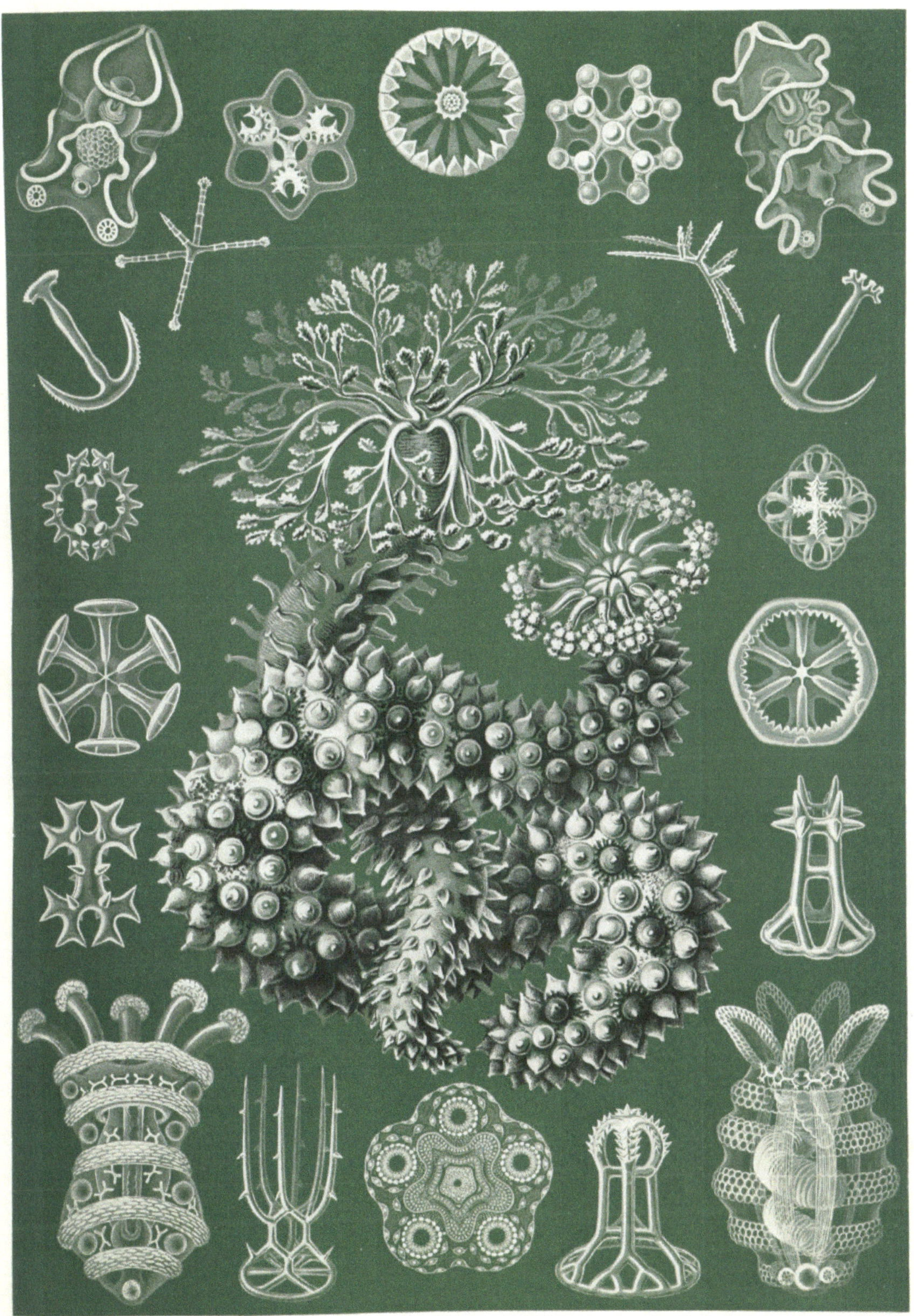

Thuroidea. — Gurkensterne.

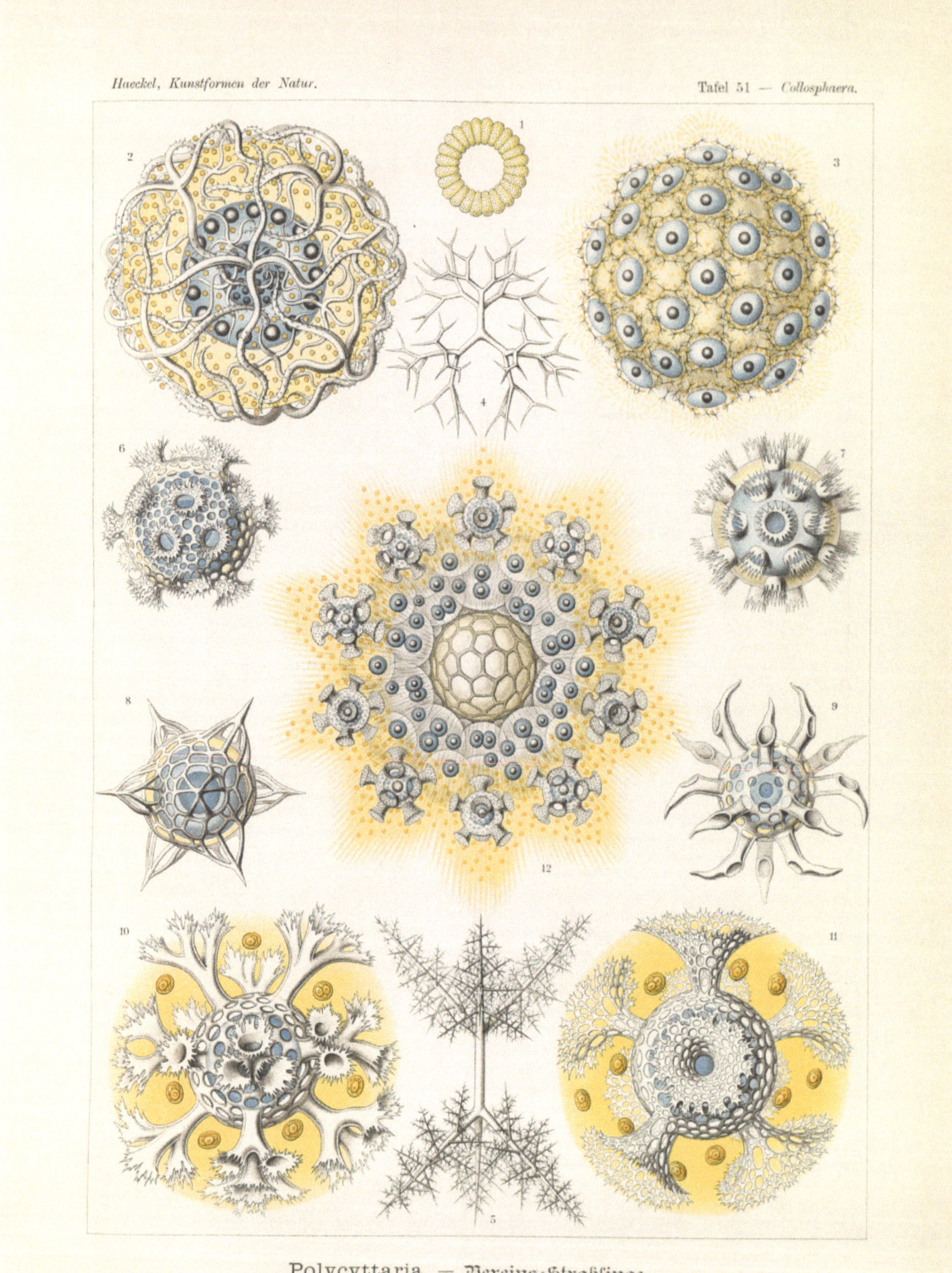

Haeckel, Kunstformen der Natur.
Tafel 51 — Collosphaera.
Polycyttaria. — Vereins-Strahlinge.

Haeckel, Kunstformen der Natur.

Tafel 52 — *Platycerium.*

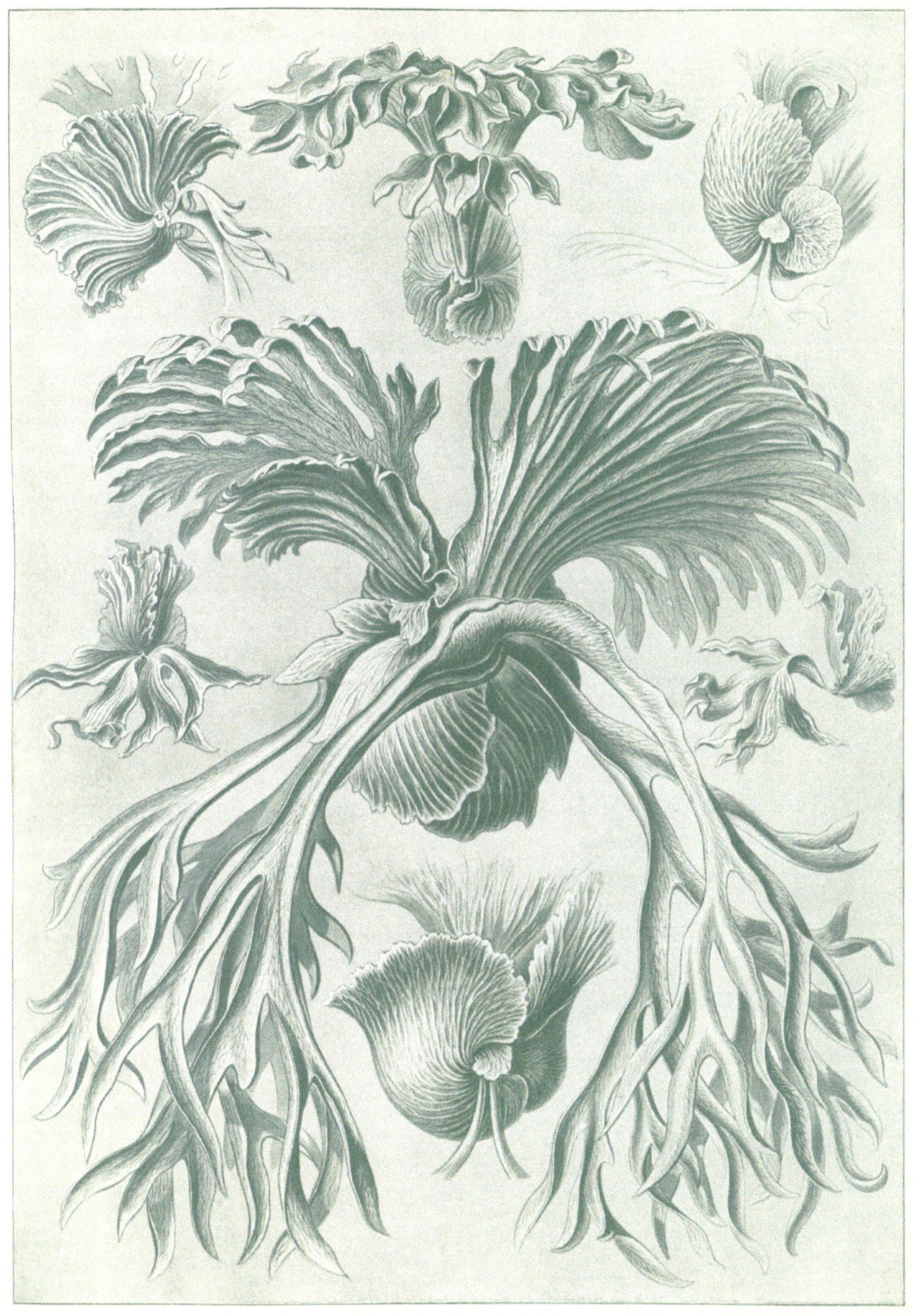

Filicinae. — Laubfarne.

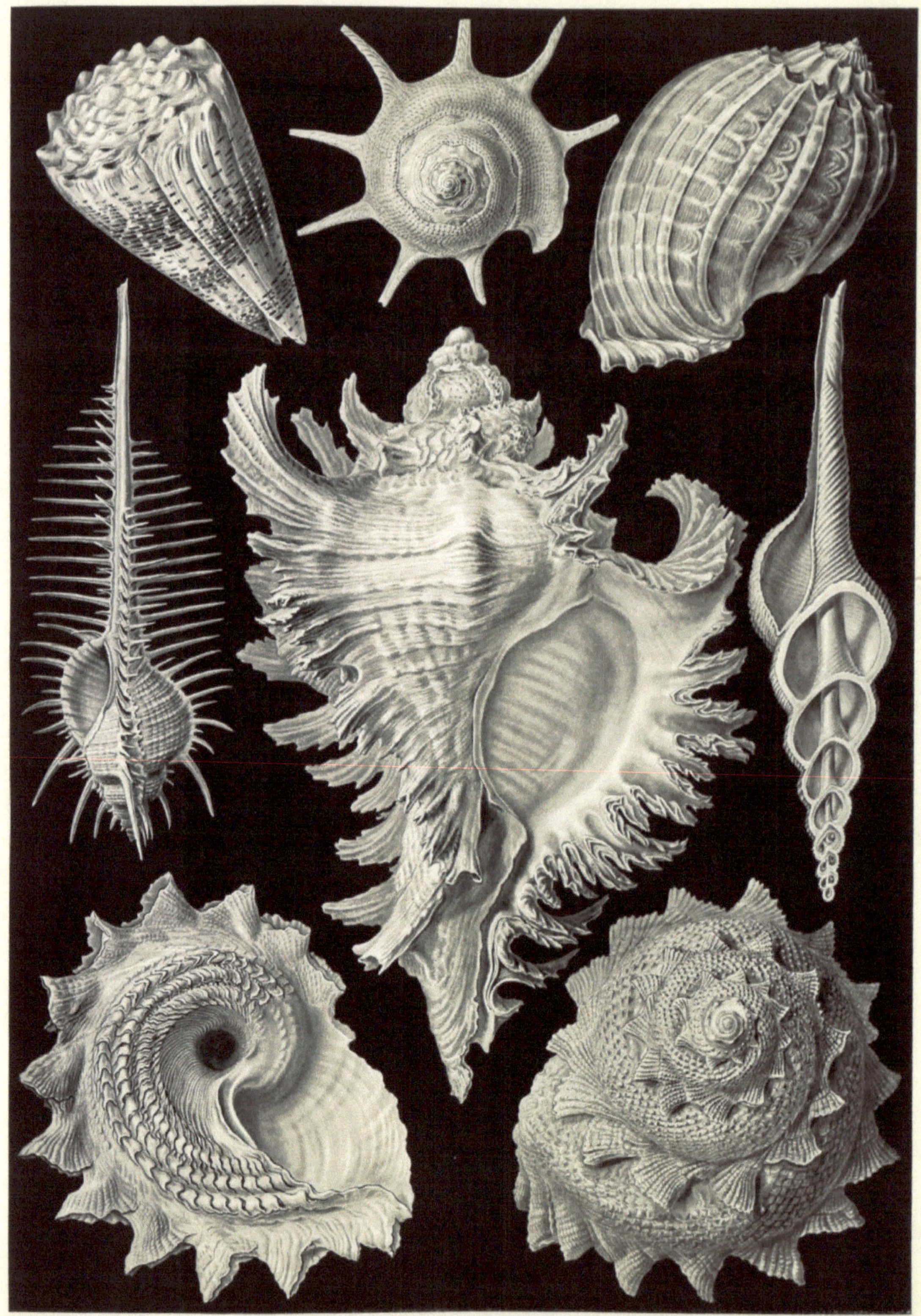

Haeckel, Kunstformen der Natur.
Tafel 53 — Murex.
Prosobranchia. — Vorderkiemen-Schnecken.

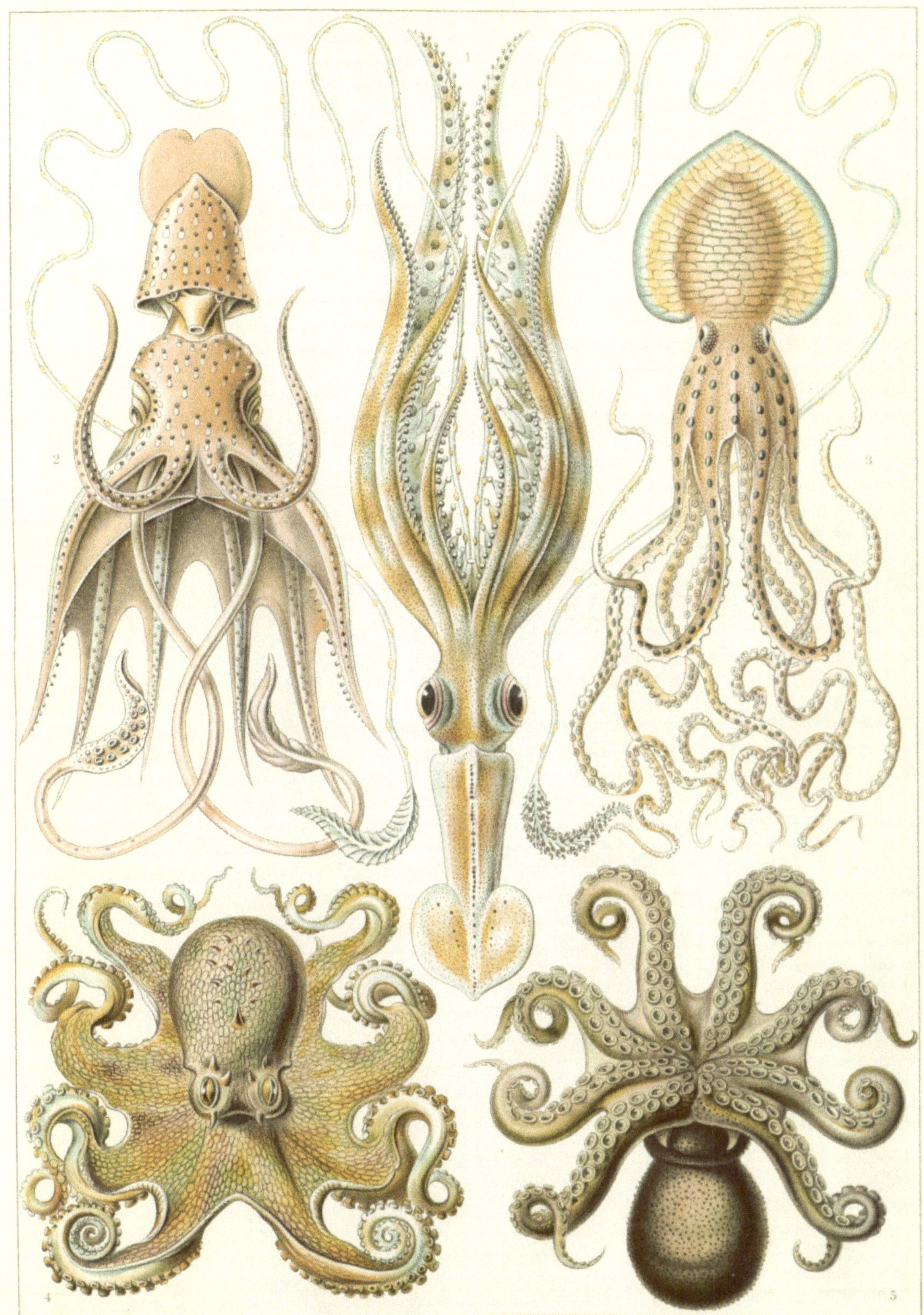


Gamochonia. — Trichterkraken.

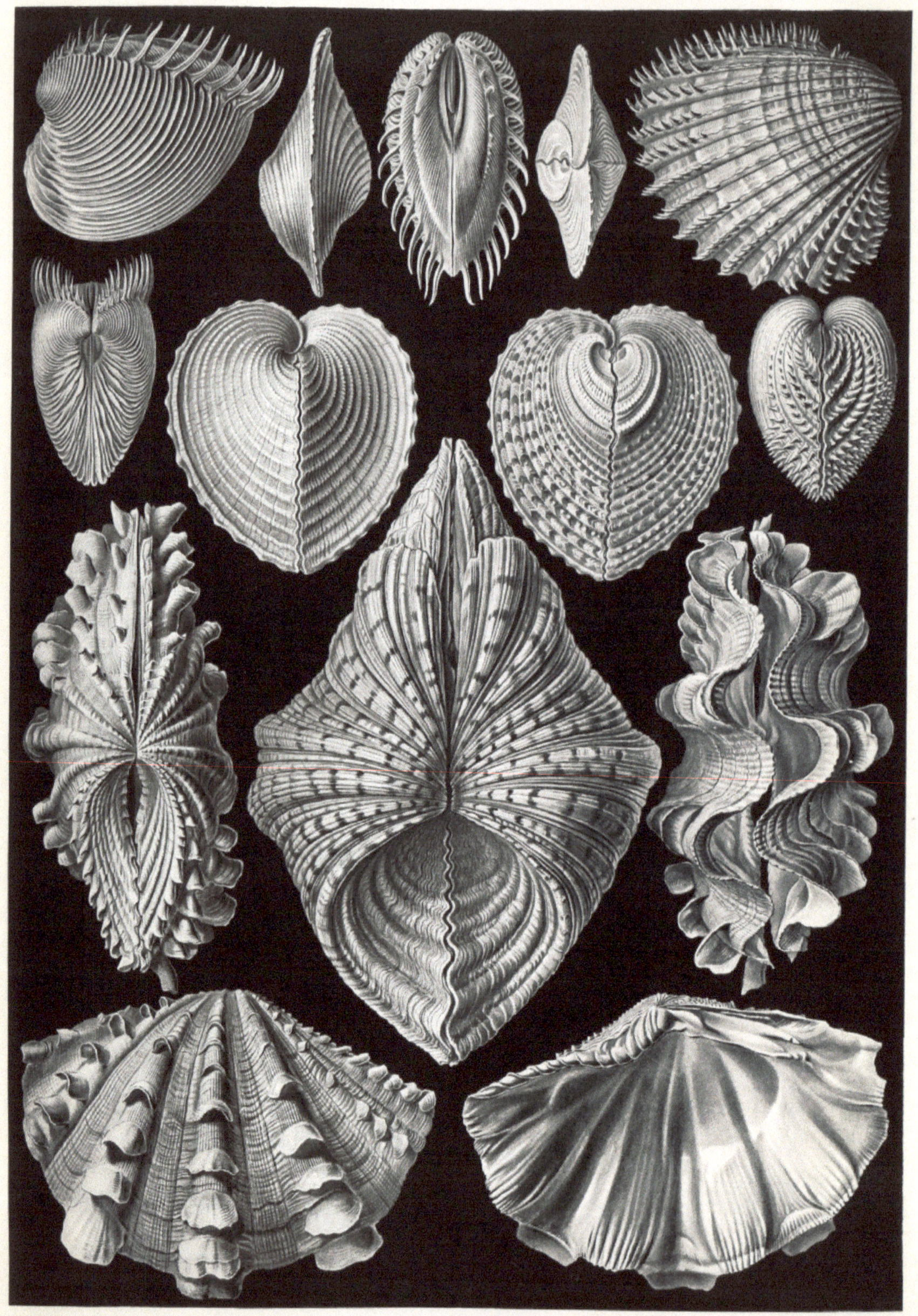

Haeckel, Kunstformen der Natur.
Tafel 55 — Cytherea.
Acephala. — Muscheln.

*Haeckel, Kunstformen der Natur.*

Tafel 56 — *Calanus.*

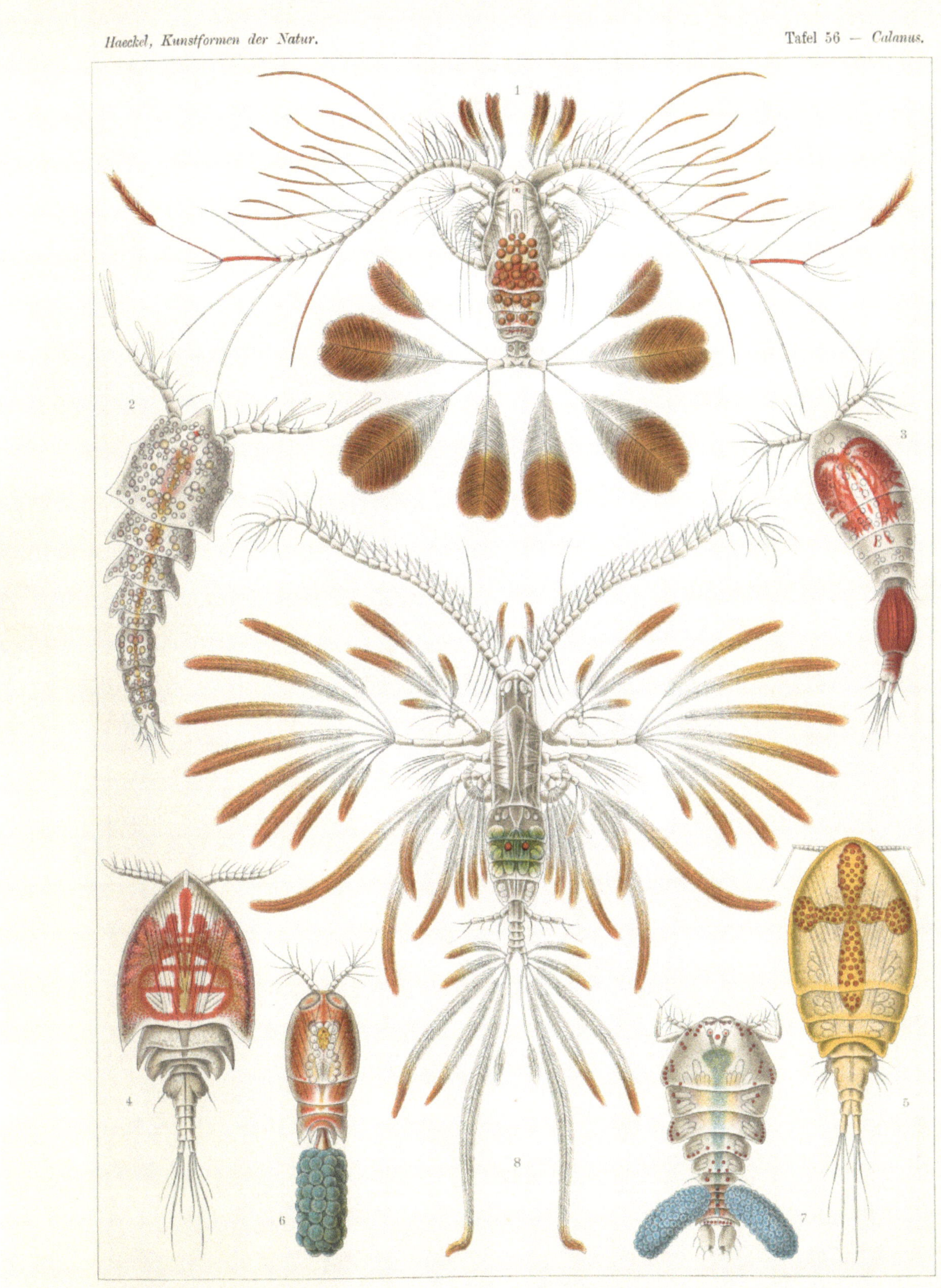

Copepoda. — Ruderkrebse.

Haeckel, Kunstformen der Natur.　　　Tafel 57 — Lepas.

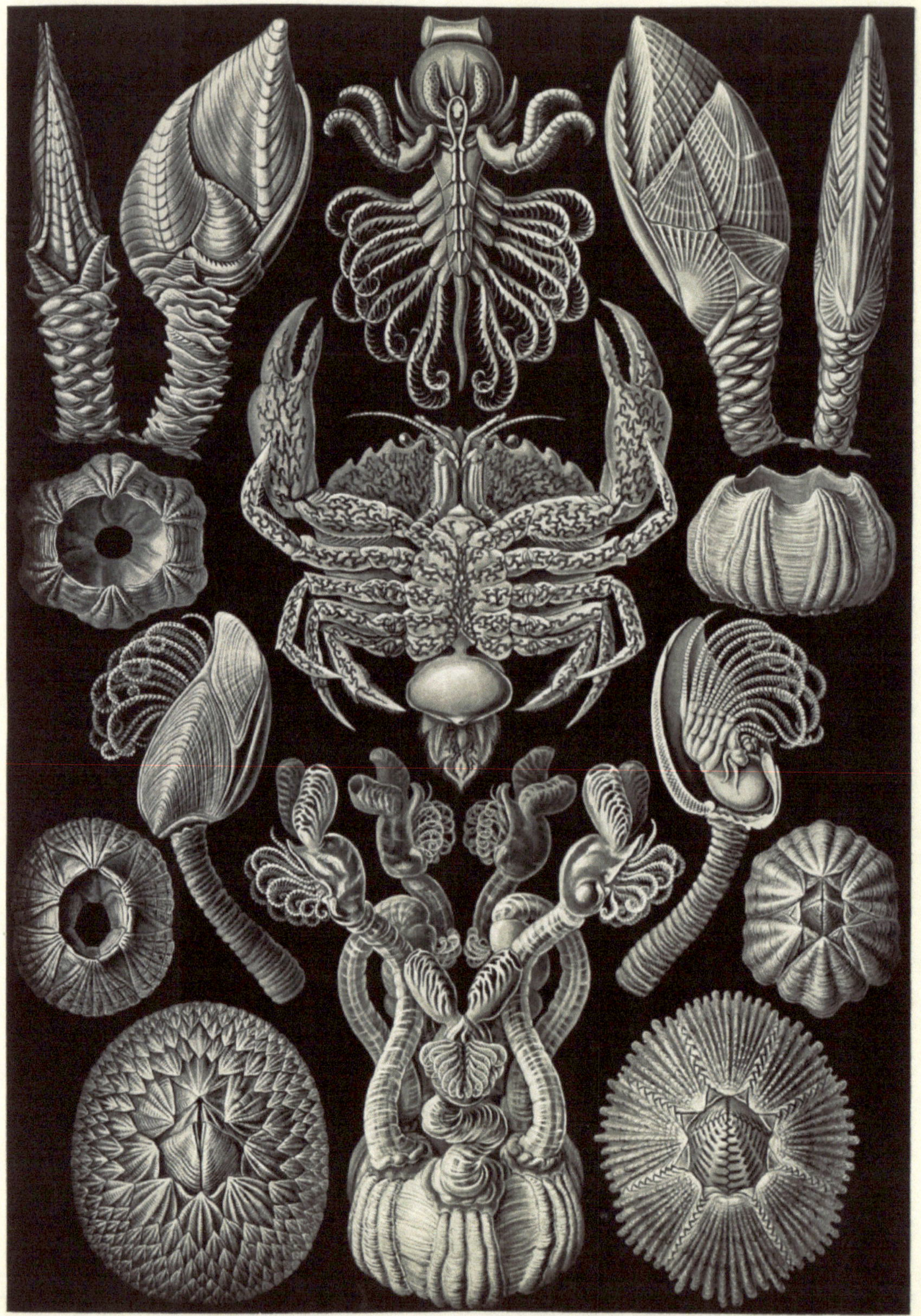

Cirripedia. — Rankenkrebse.

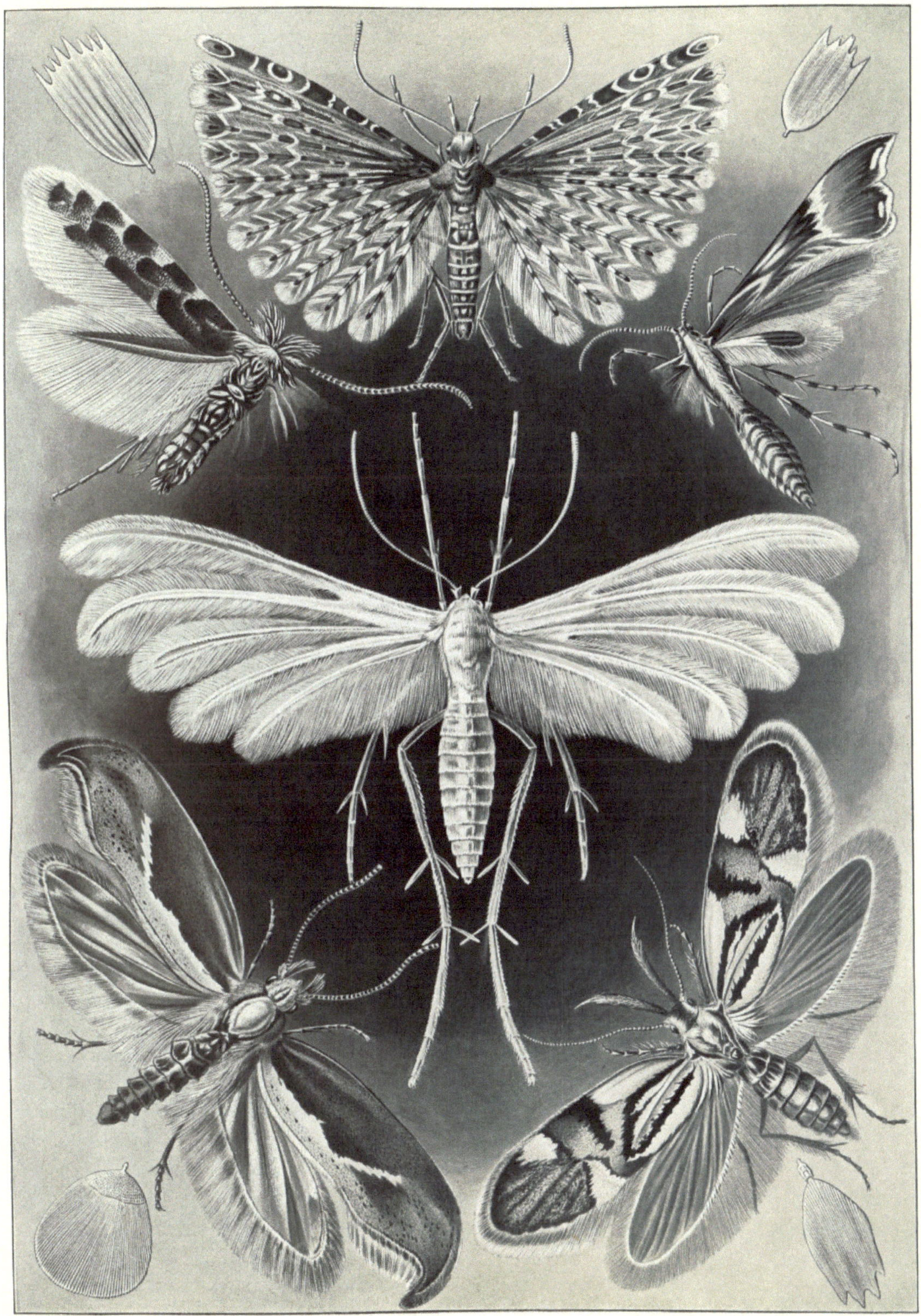

Tineida. — Motten.

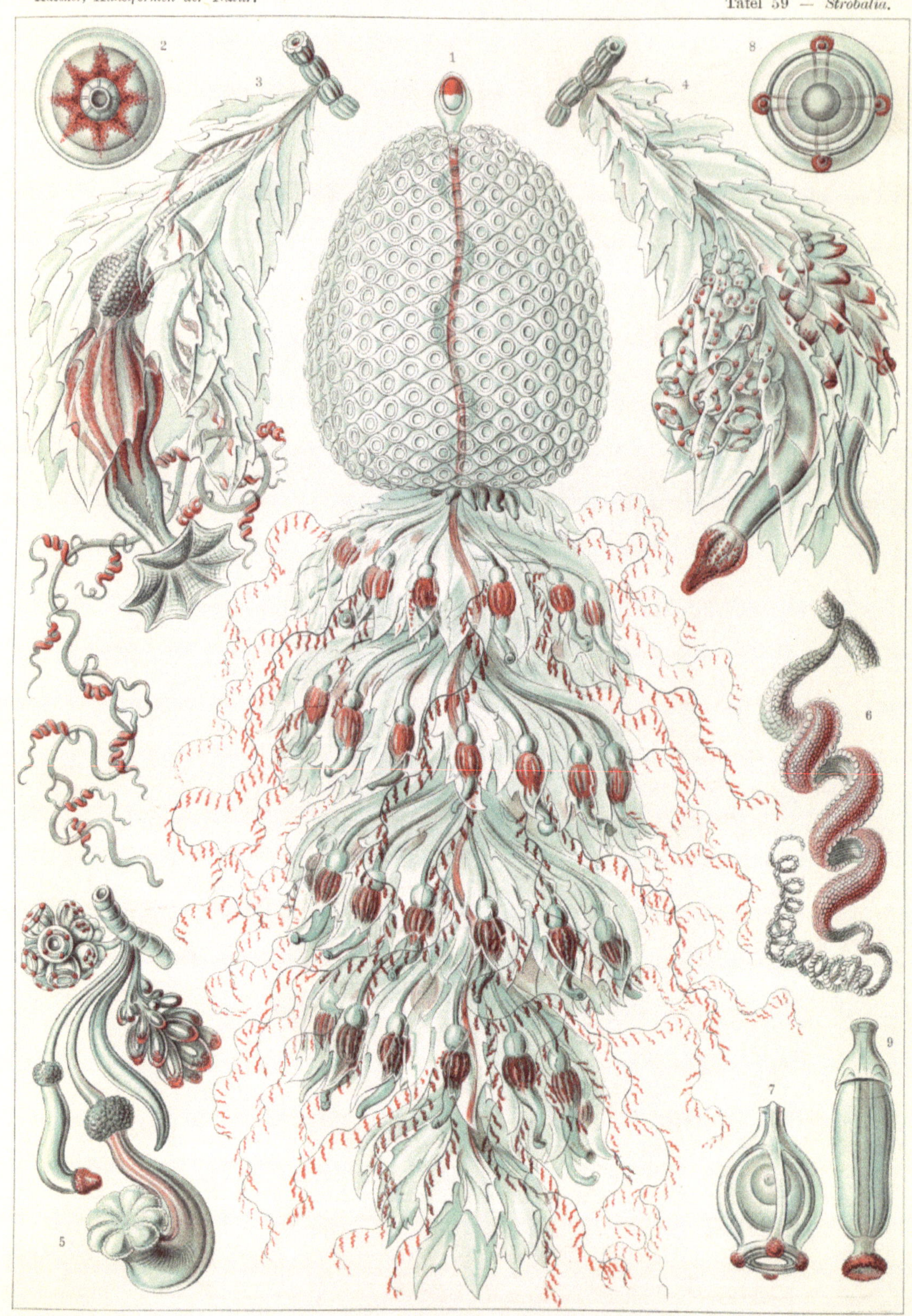
Haeckel, Kunstformen der Natur.
Tafel 59 — Strobalia.
Siphonophorae. — Staatsquallen.

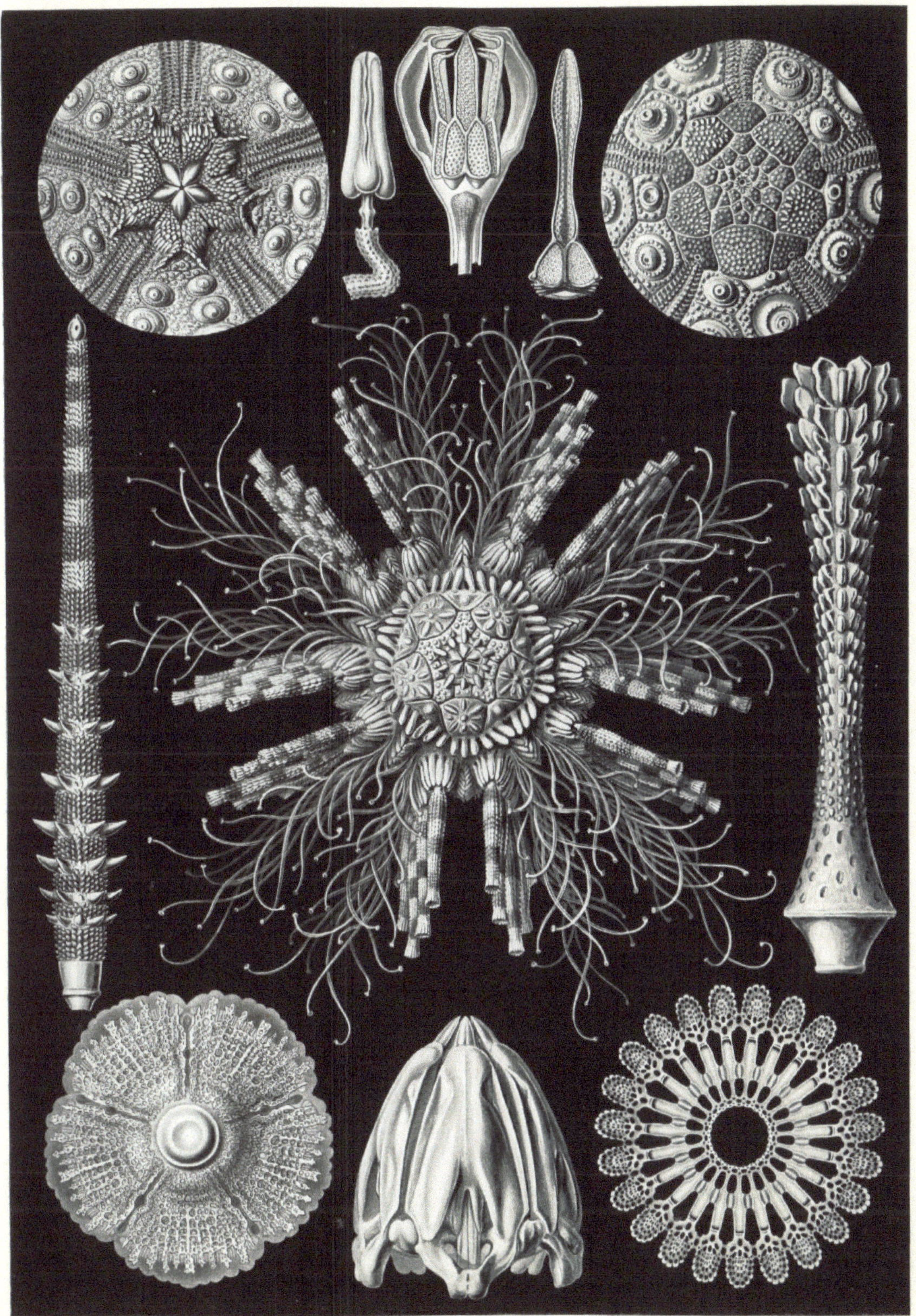


Echinidea. — Igelsterne.

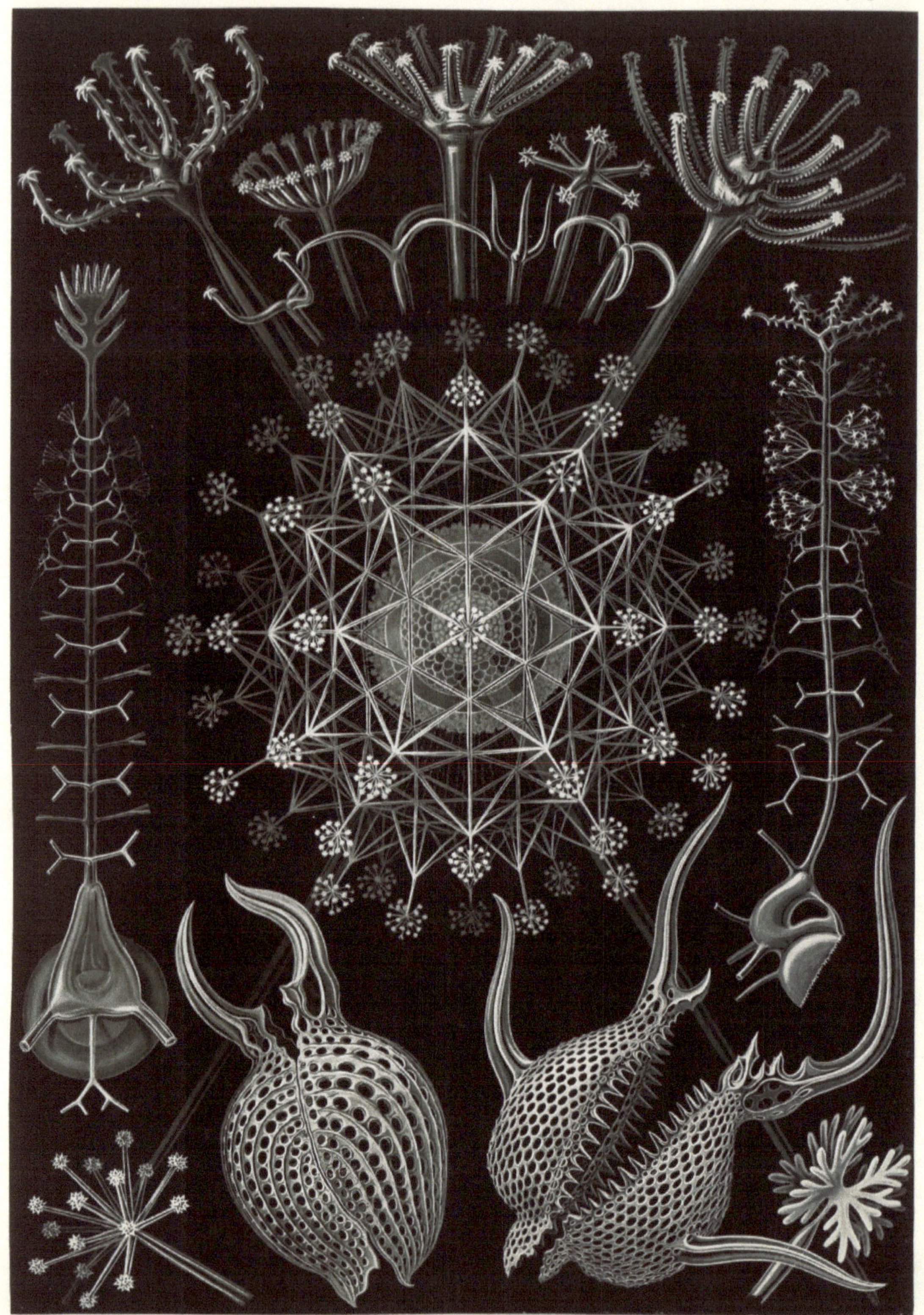


Haeckel, Kunstformen der Natur.
Tafel 61 — Aulographis.
Phaeodaria. — Rohrstrahlinge.

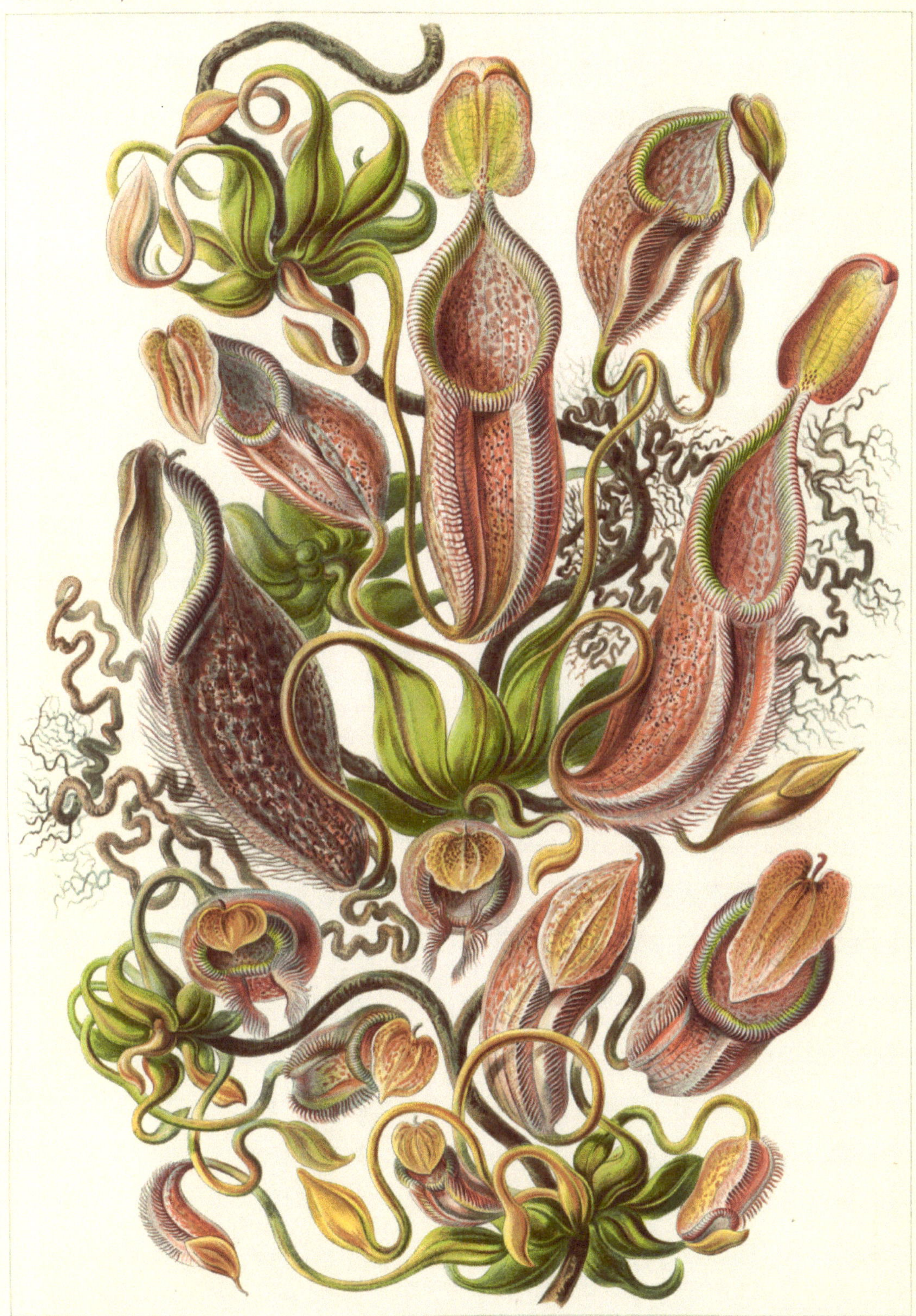


Nepenthaceae. — Kannenpflanzen.

Haeckel, Kunstformen der Natur.
Tafel 63 — Dictyophora.

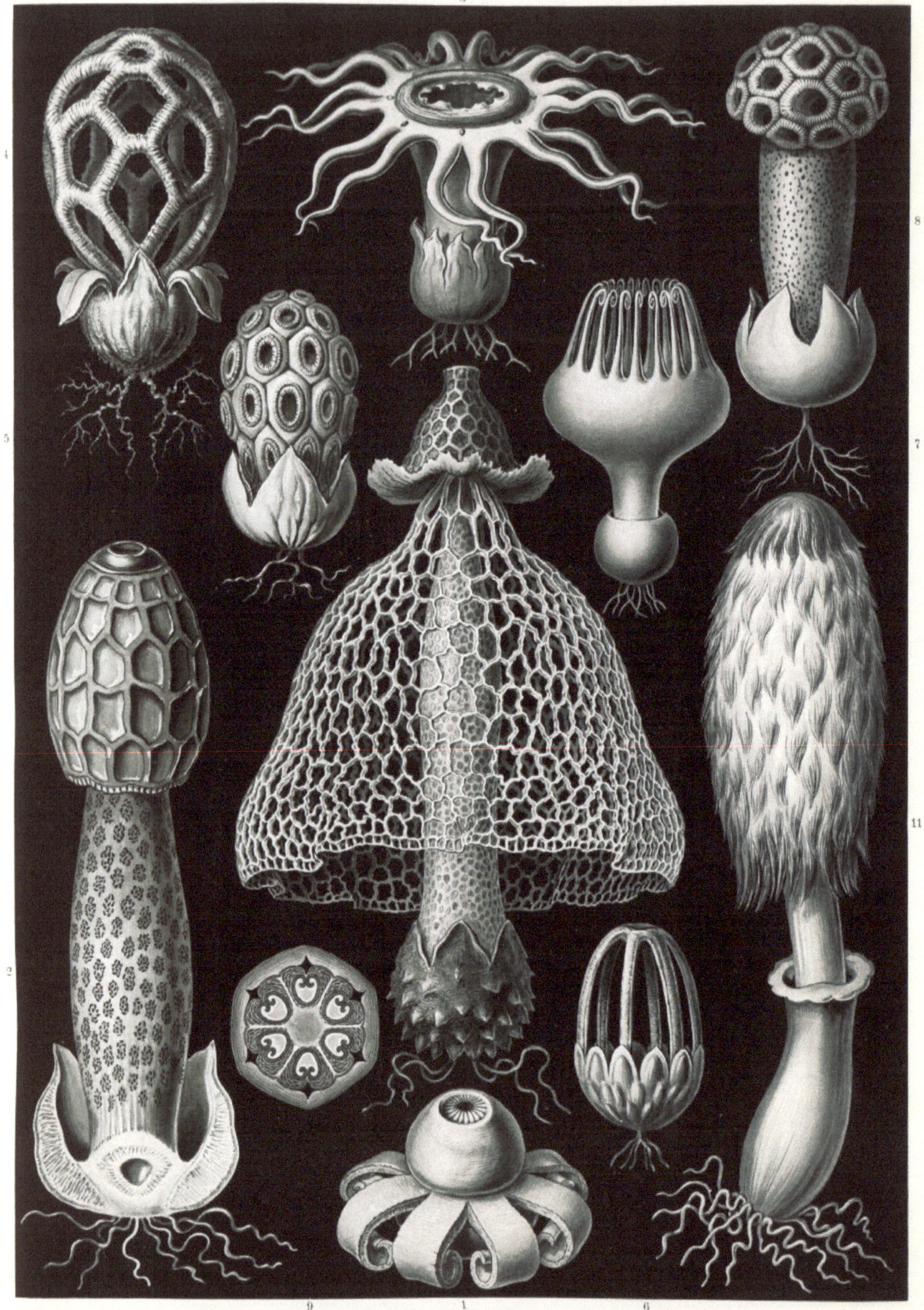
Basimycetes. — Schwammpilze.

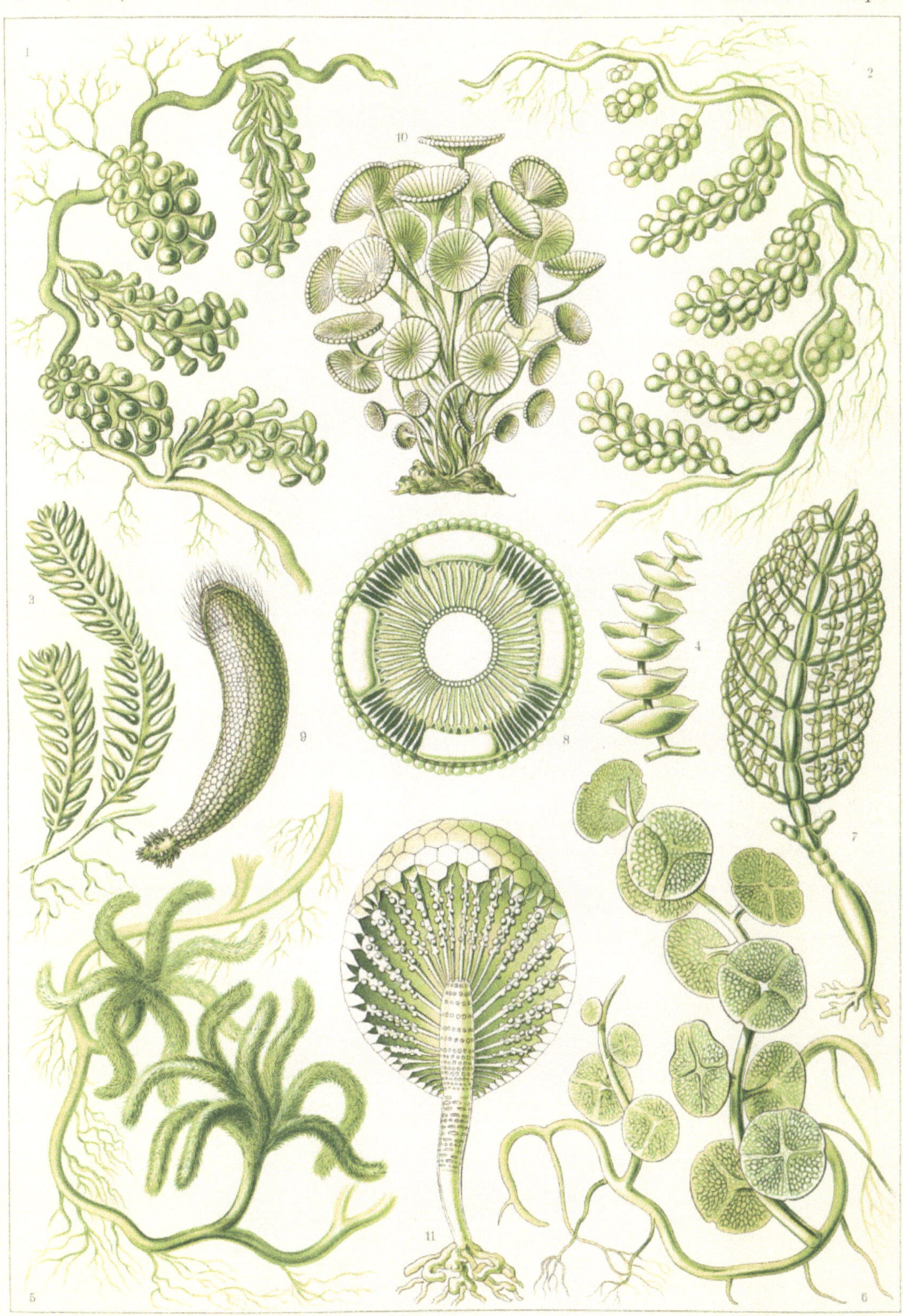



Siphoneae. — Riesen-Algetten.

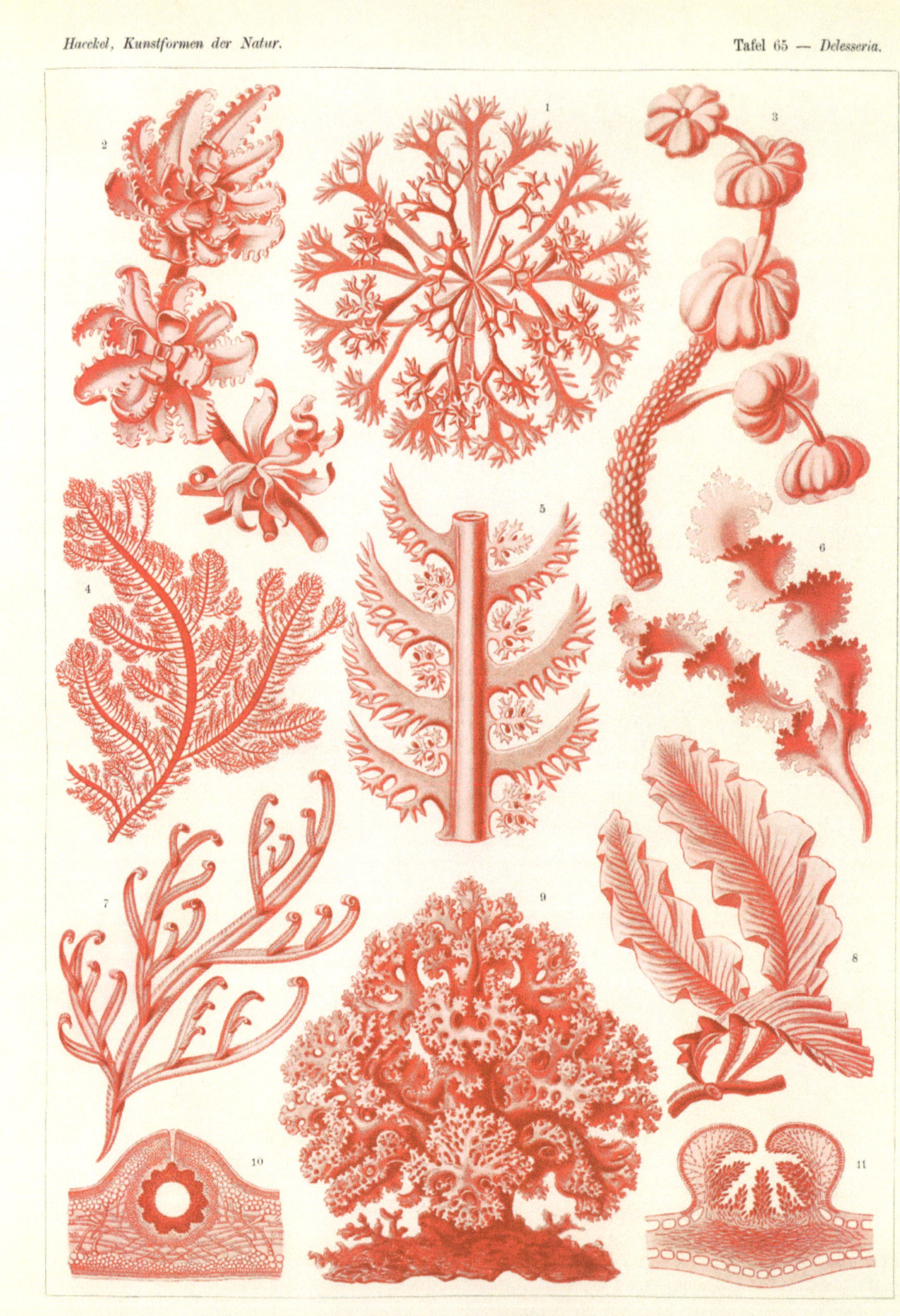

Haeckel, Kunstformen der Natur.
Tafel 65 — Delesseria.
Florideae. — Rotalgen.

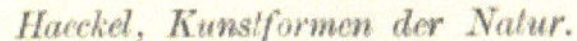

Haeckel, Kunstformen der Natur.

Tafel 66 — Epeira.

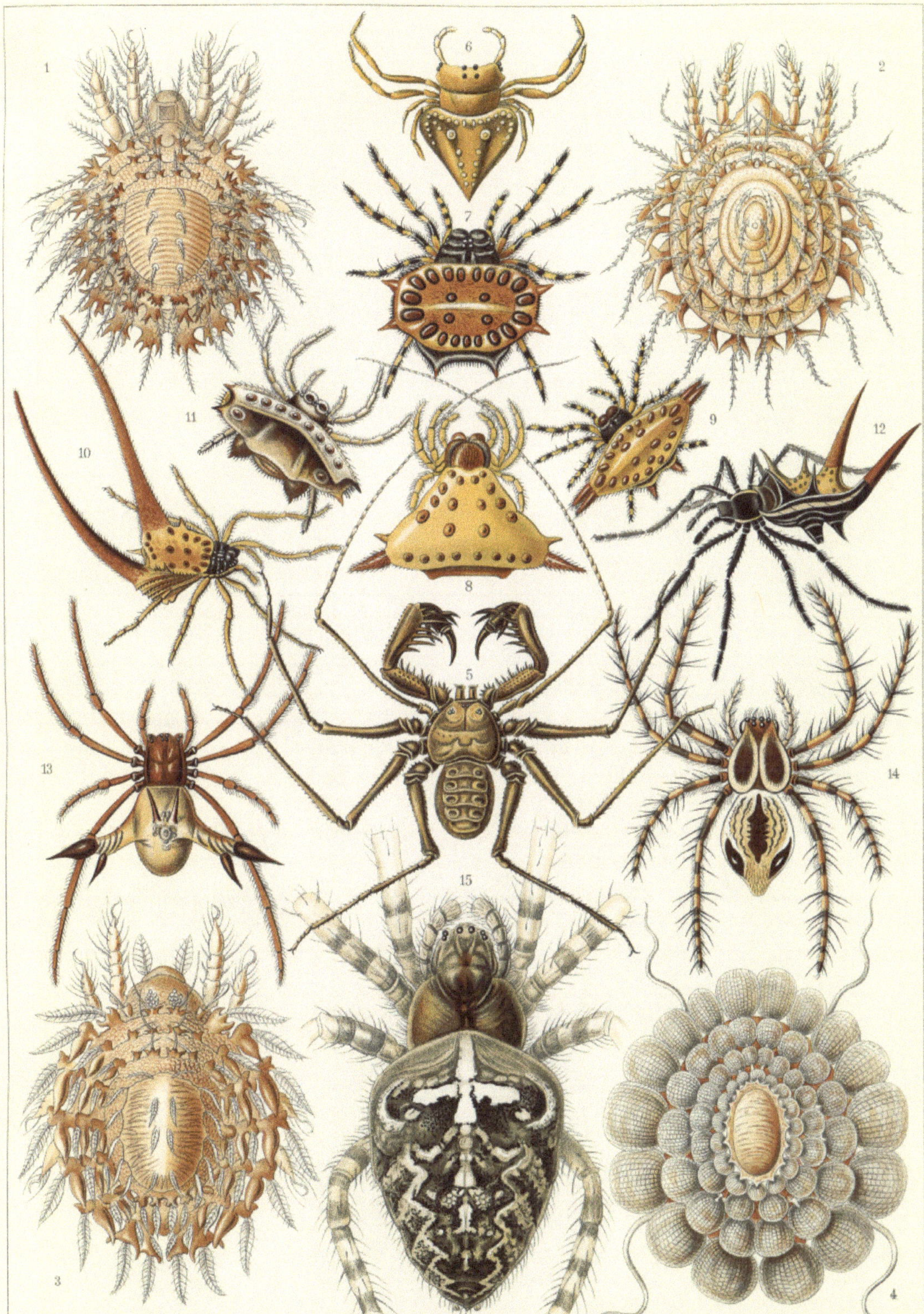

## Arachnida. — Spinnentiere.

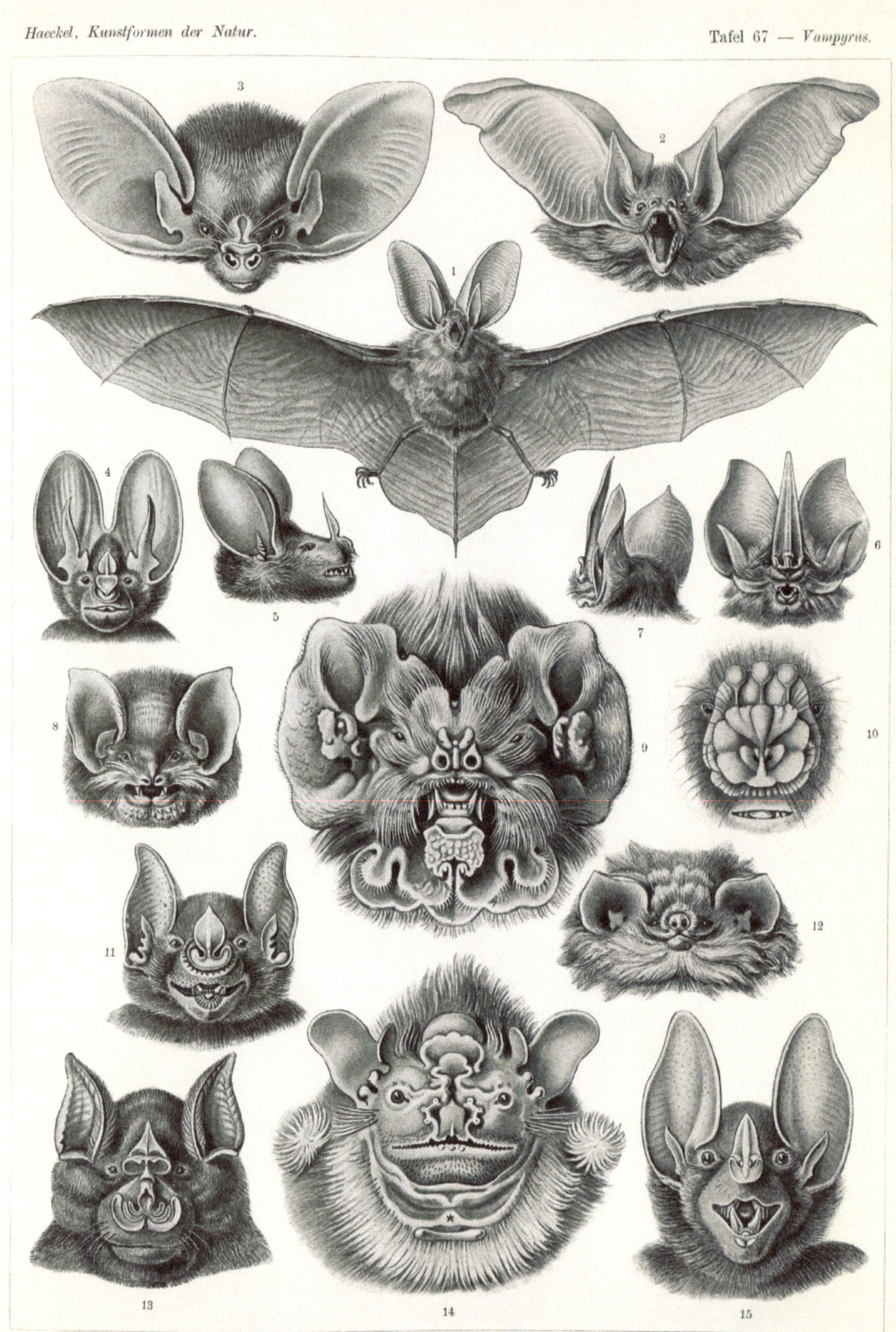
Haeckel, Kunstformen der Natur.
Tafel 67 — Vampyrus.
Chiroptera. — Fledertiere.

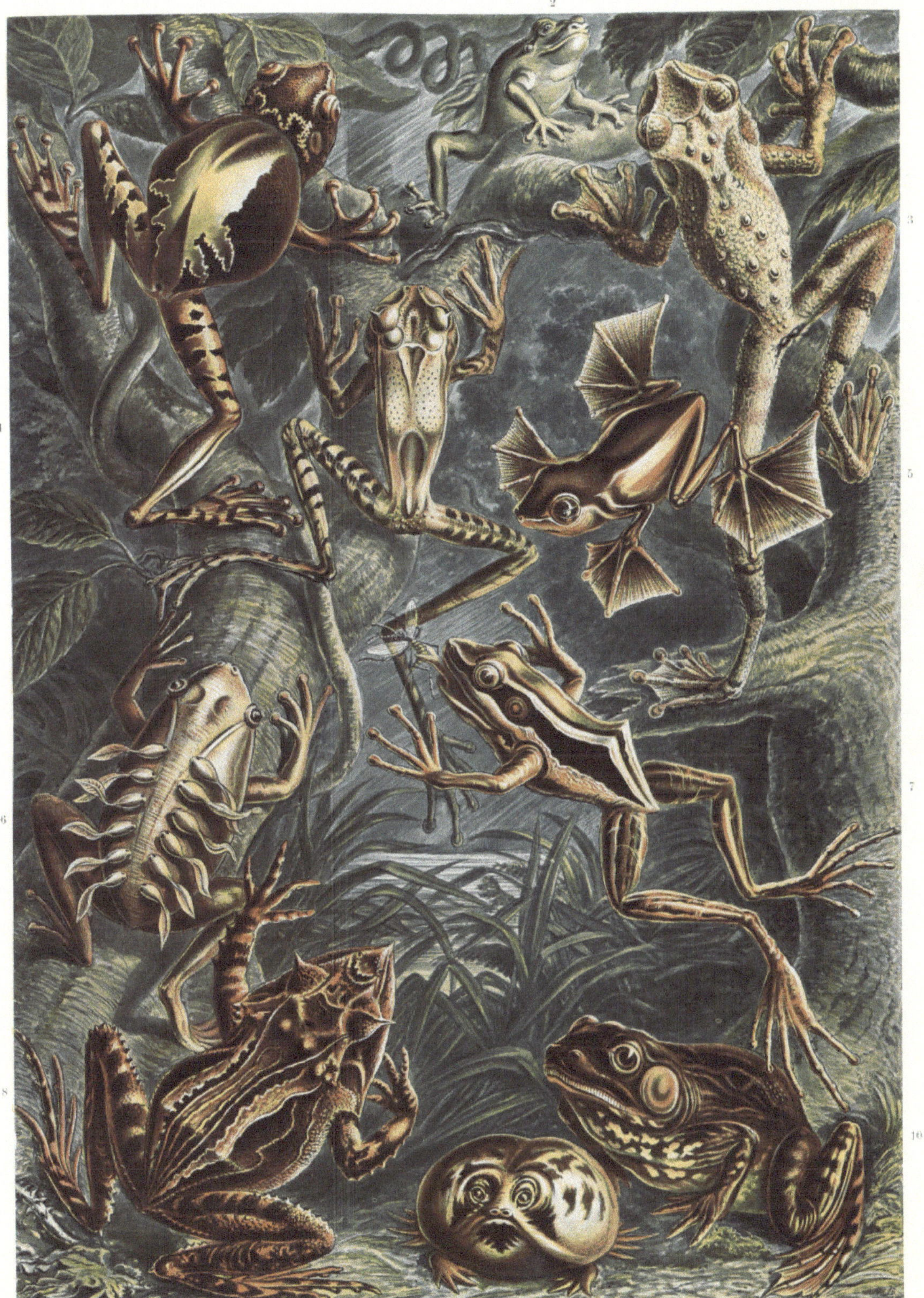



Batrachia. — Frösche.

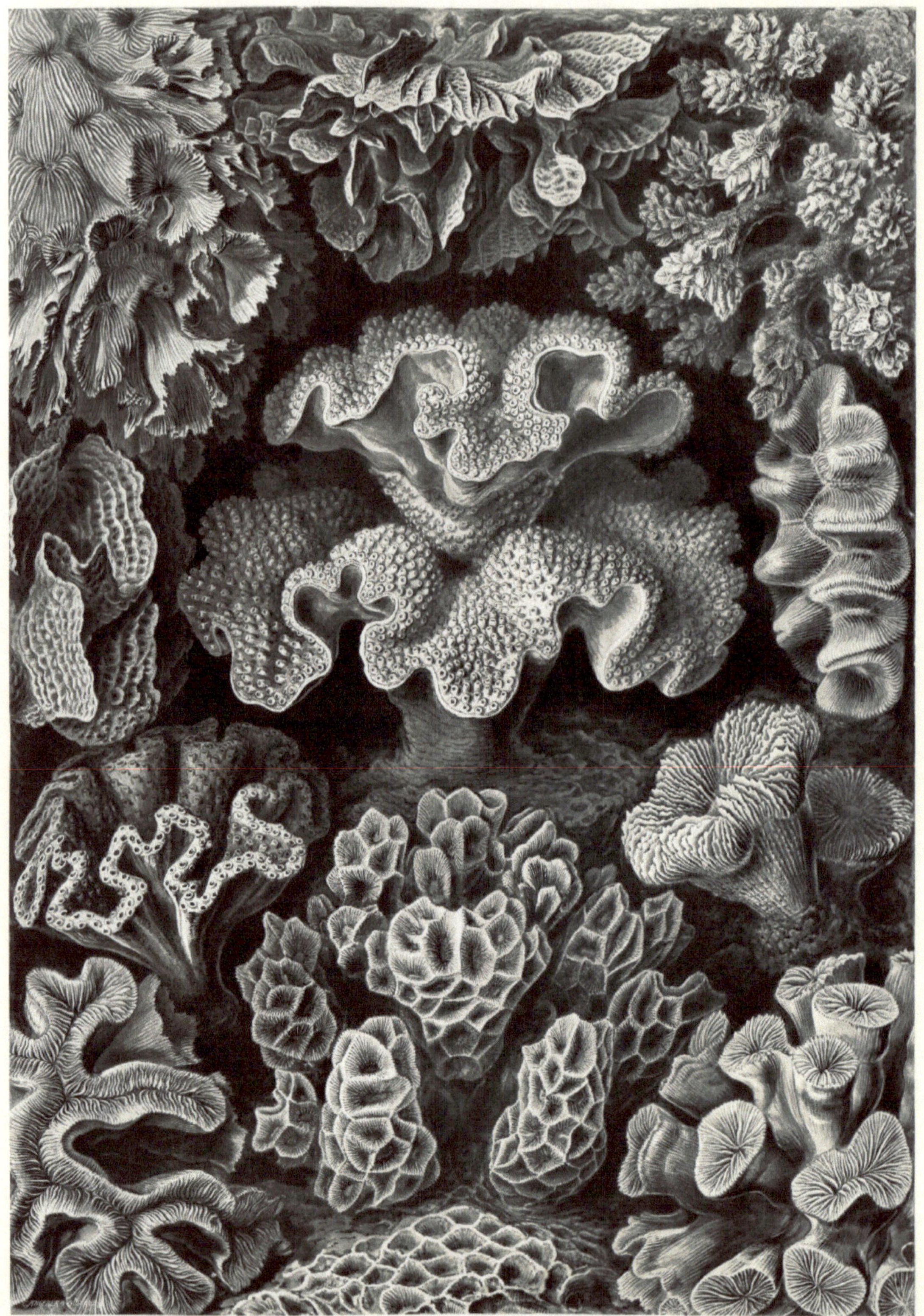


Haeckel, Kunstformen der Natur.
Tafel 69 — Turbinaria.
Hexacoralla. — Sechsstrahlige Sternkorallen.

*Haeckel, Kunstformen der Natur.*               Tafel 70 — *Astrophyton.*

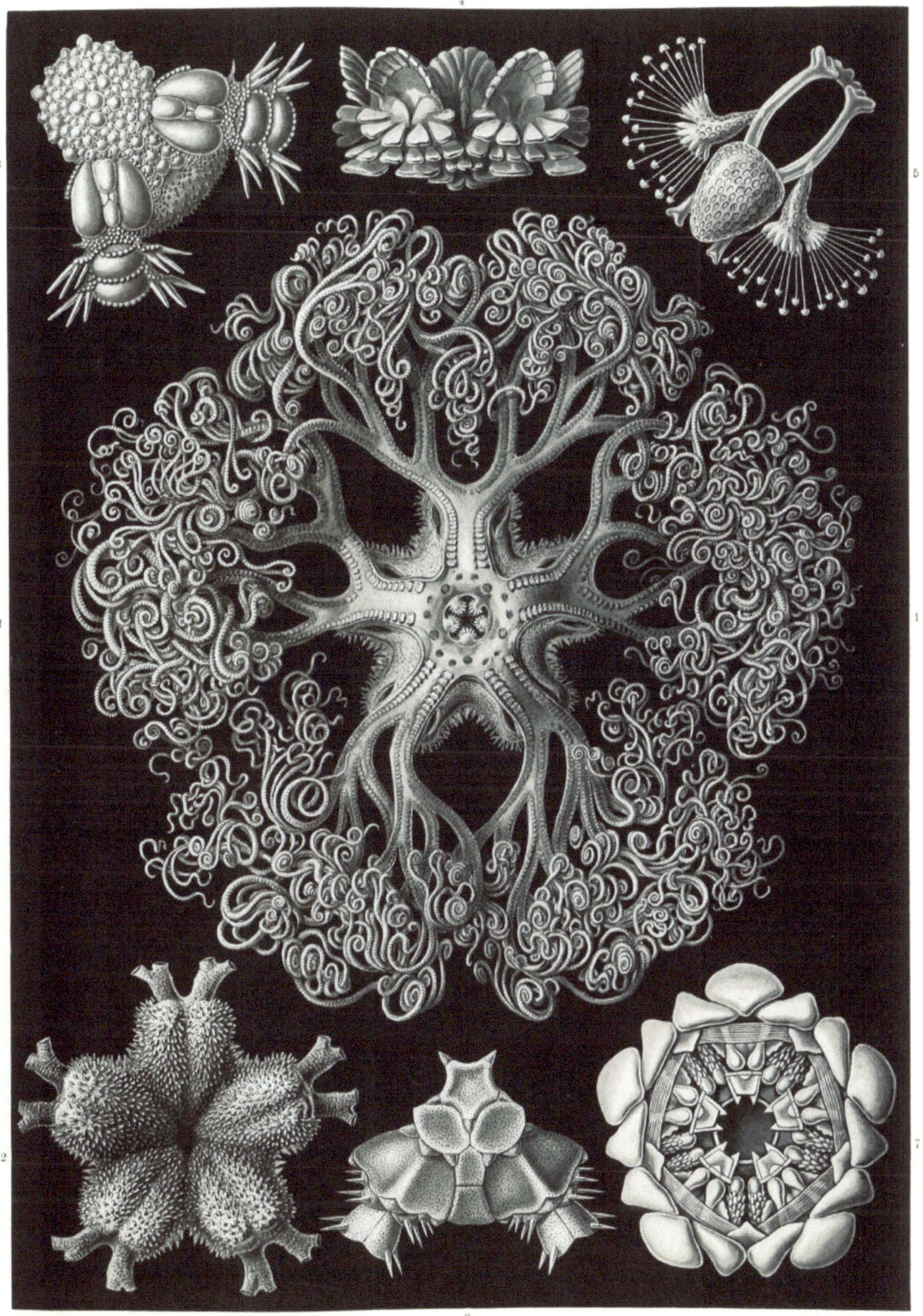

Ophiodea. — Schlangensterne.

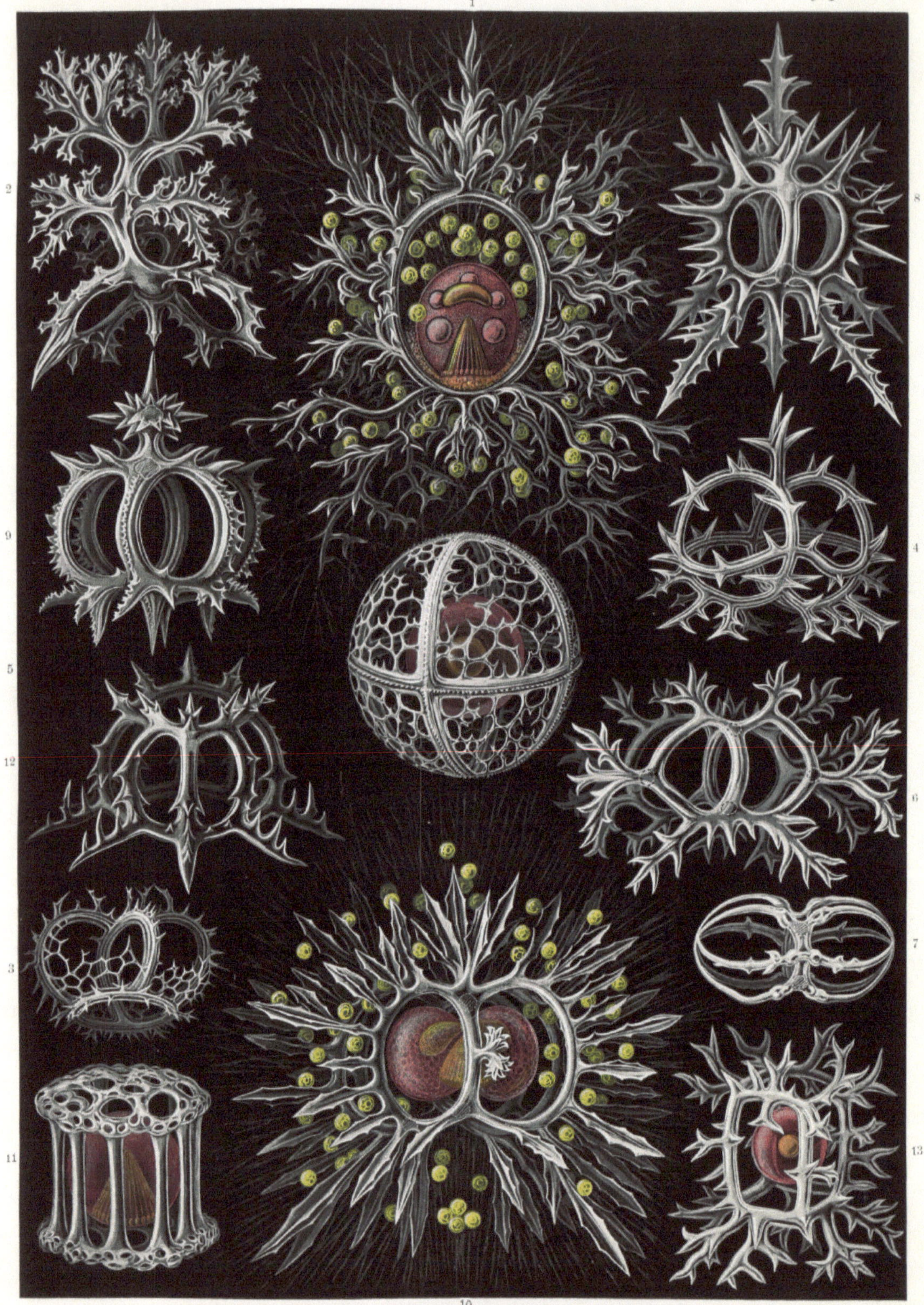



Stephoidea. — Ringelstrahlinge.

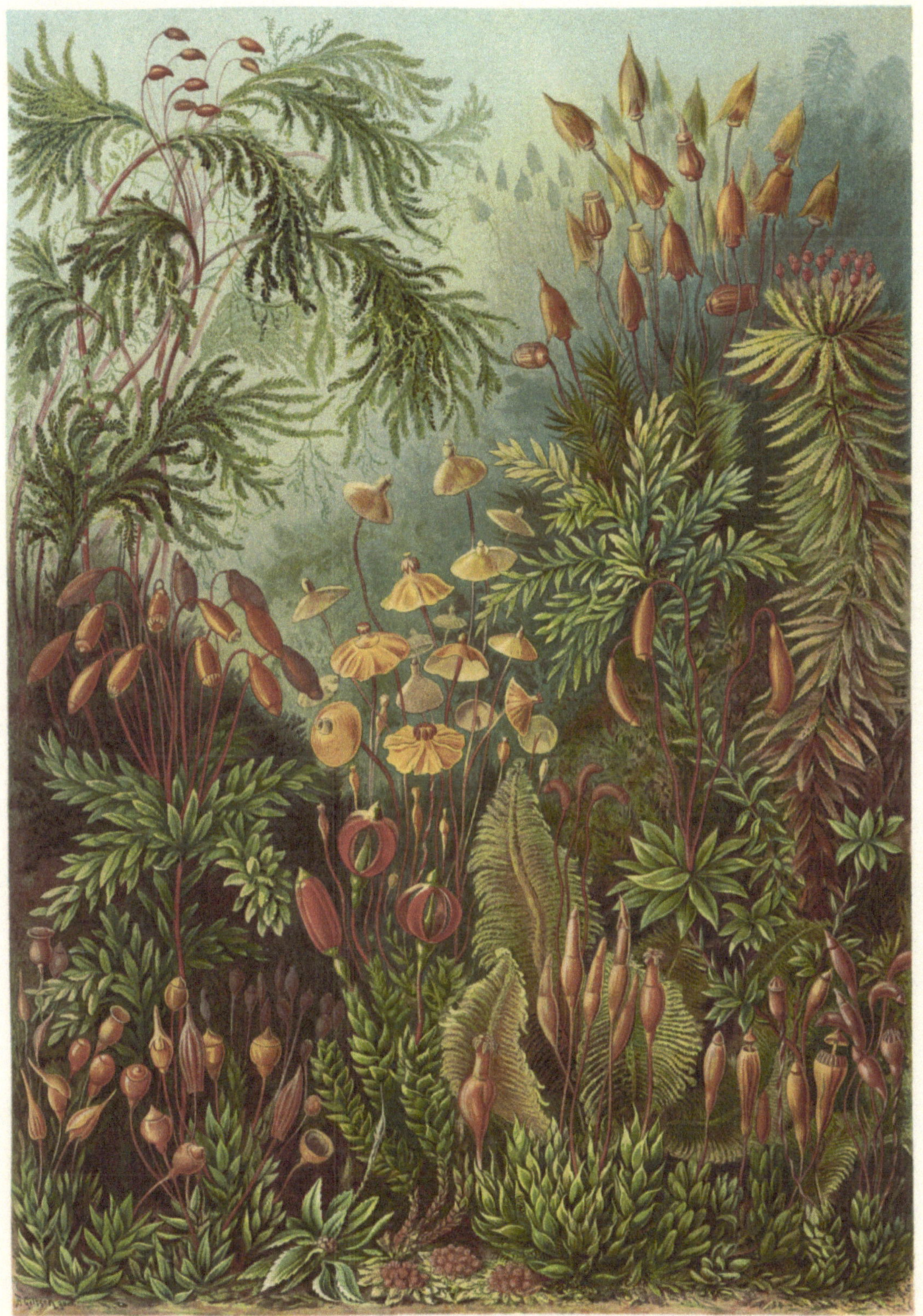


Muscinae. — Laubmoose.

*Haeckel, Kunstformen der Natur.*  Tafel 73 — *Erysiphe.*

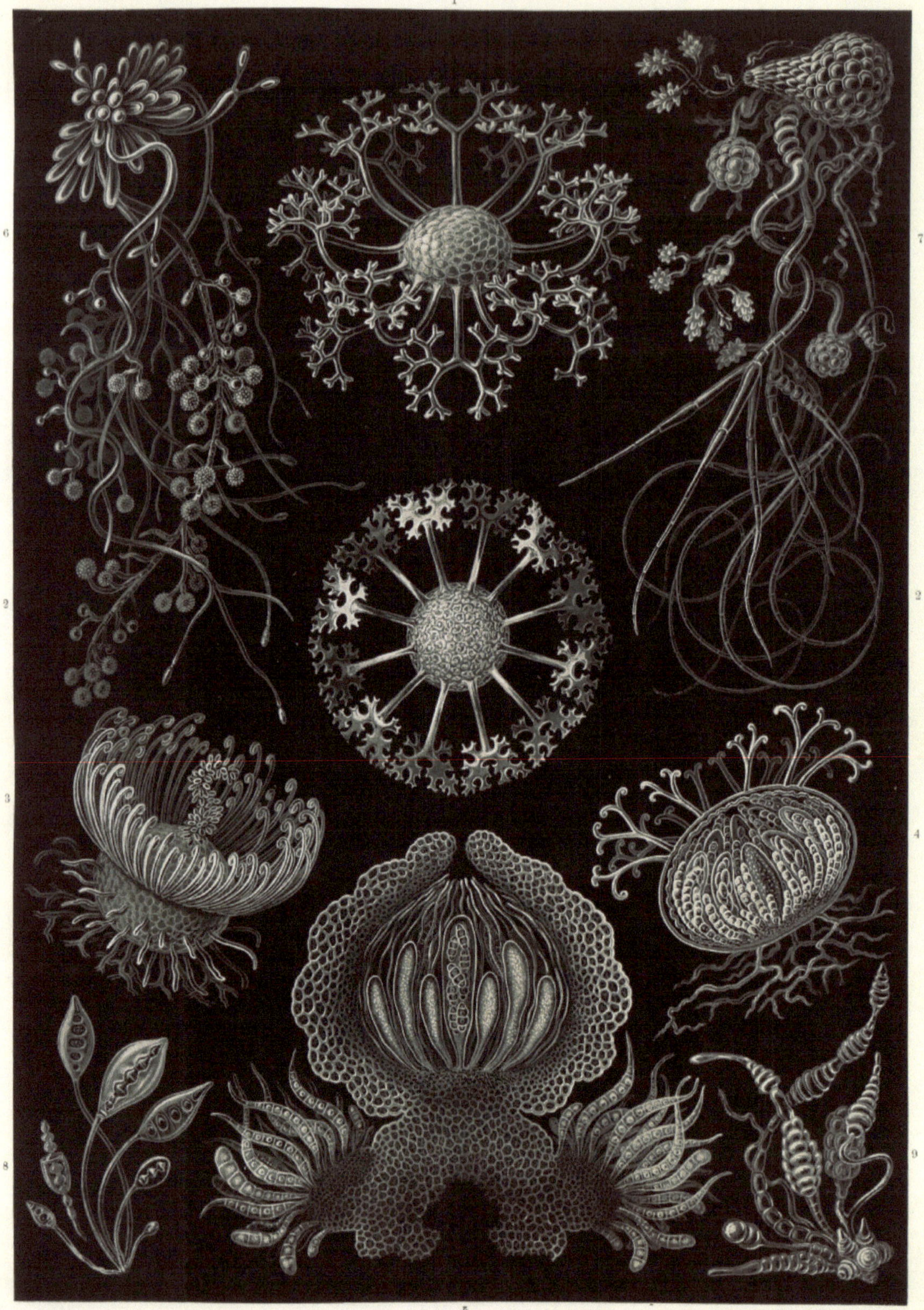

## Ascomycetes. — Schlauchpilze.

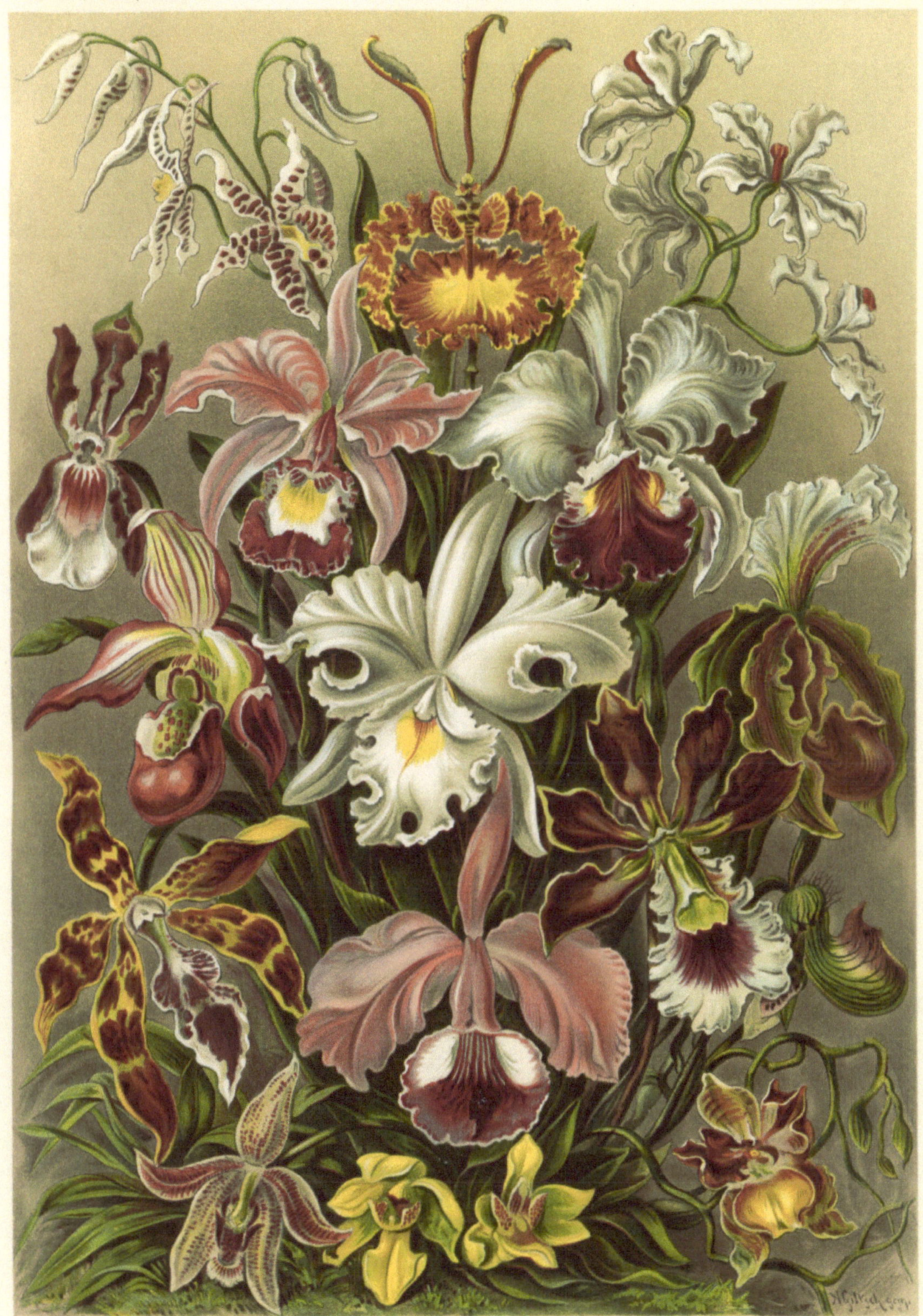
Haeckel, Kunstformen der Natur.
Tafel 74 — Cypripedium.
Orchideae. — Venusblumen.

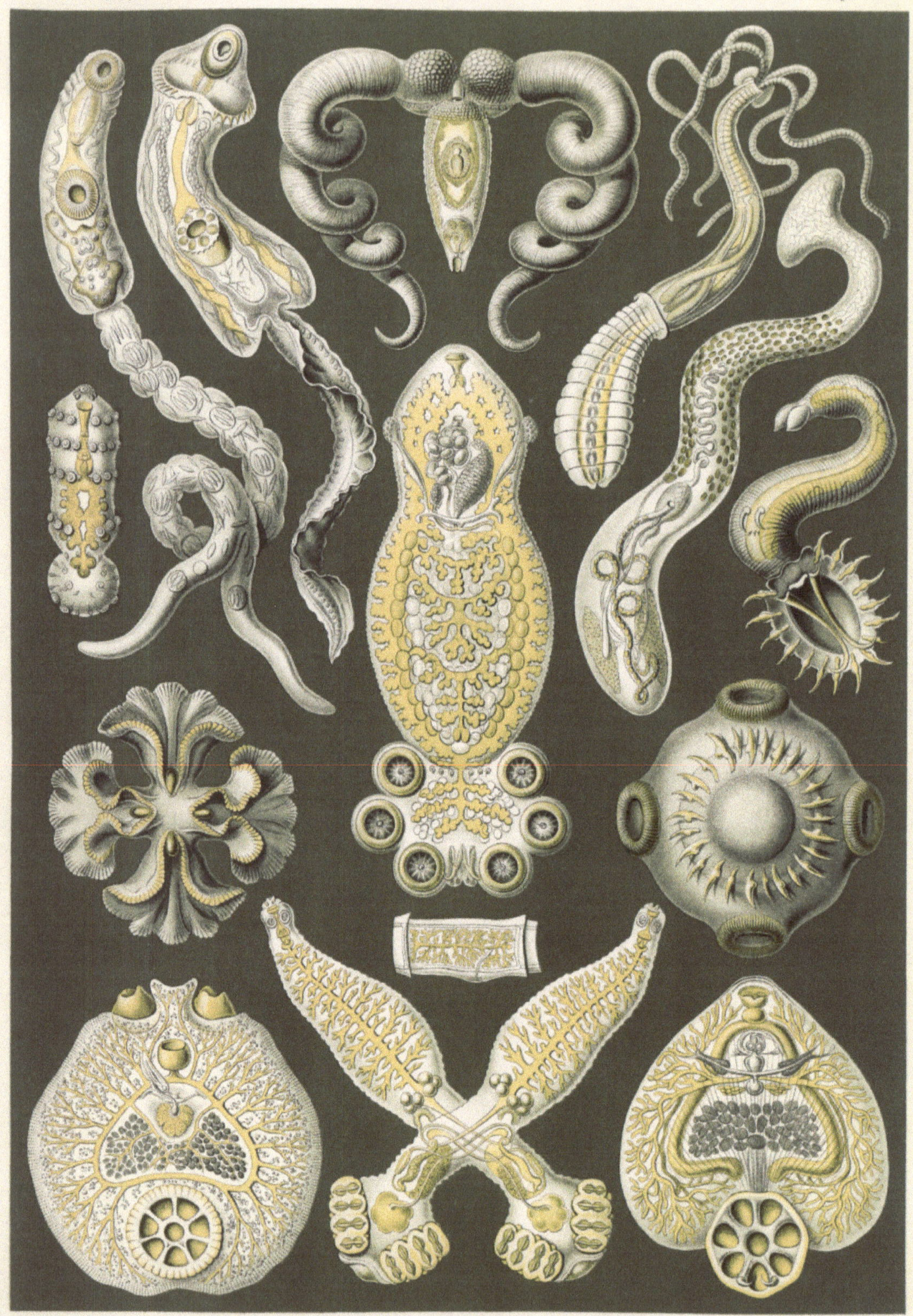

Platodes. — Plattentiere.

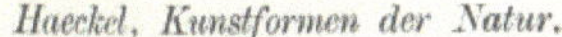
Haeckel, Kunstformen der Natur.
Tafel 76 — Alima. 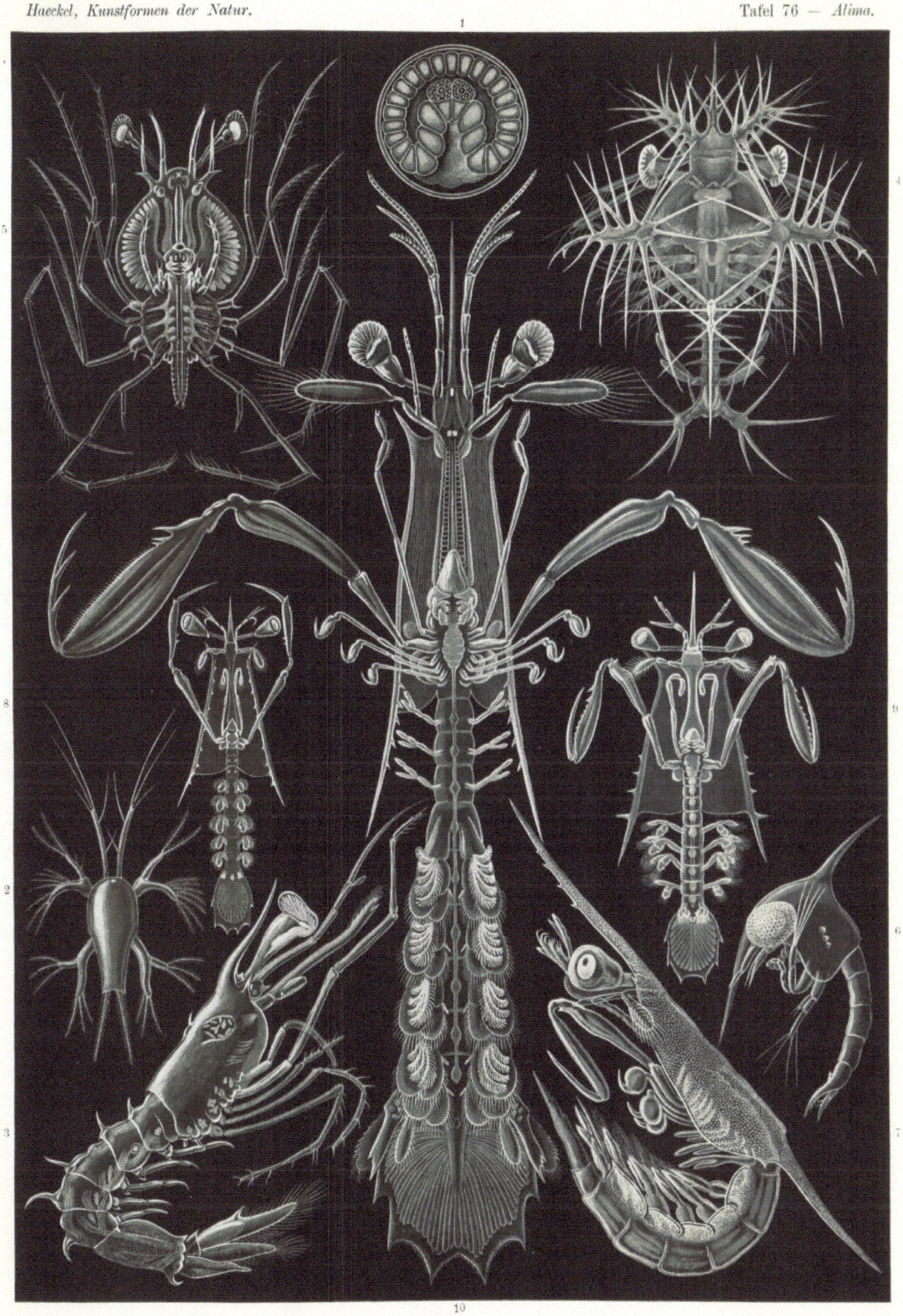
Thoracostraca. — Panzerkrebse.

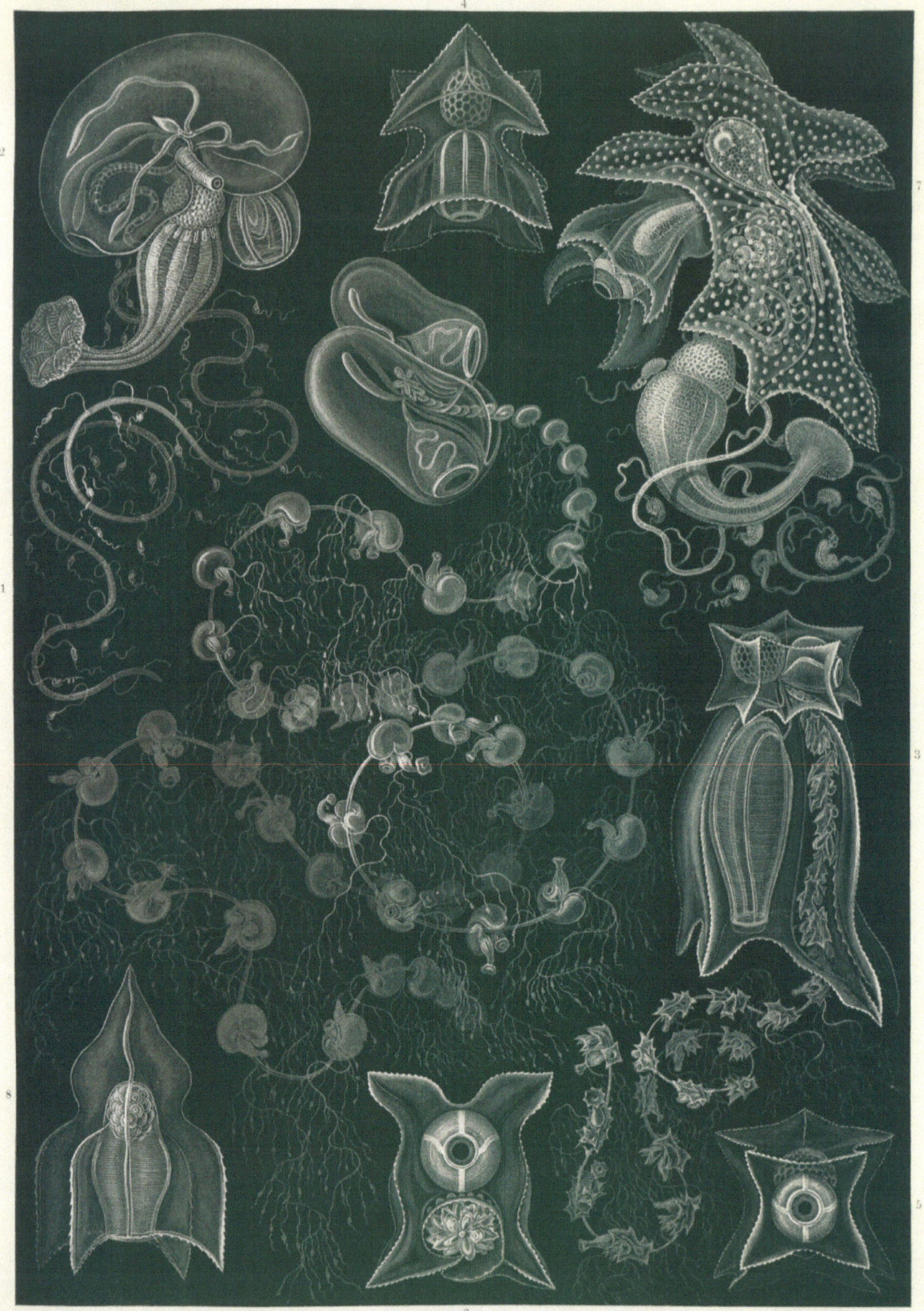



Siphonophorae. — Staatsquallen.

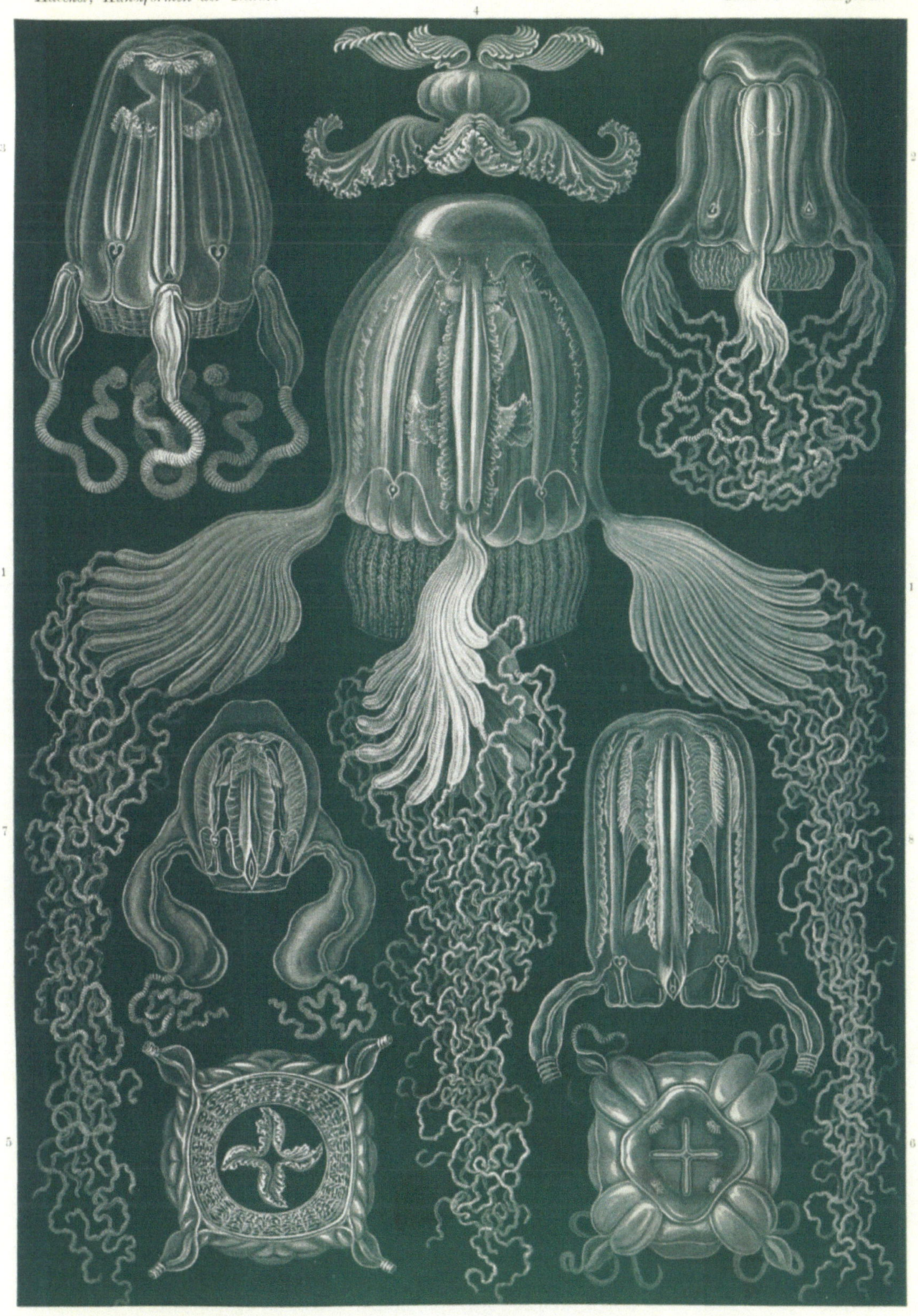


Haeckel, Kunstformen der Natur.
Tafel 78 — Charybdea.
Cubomedusae. — Würfelquallen.

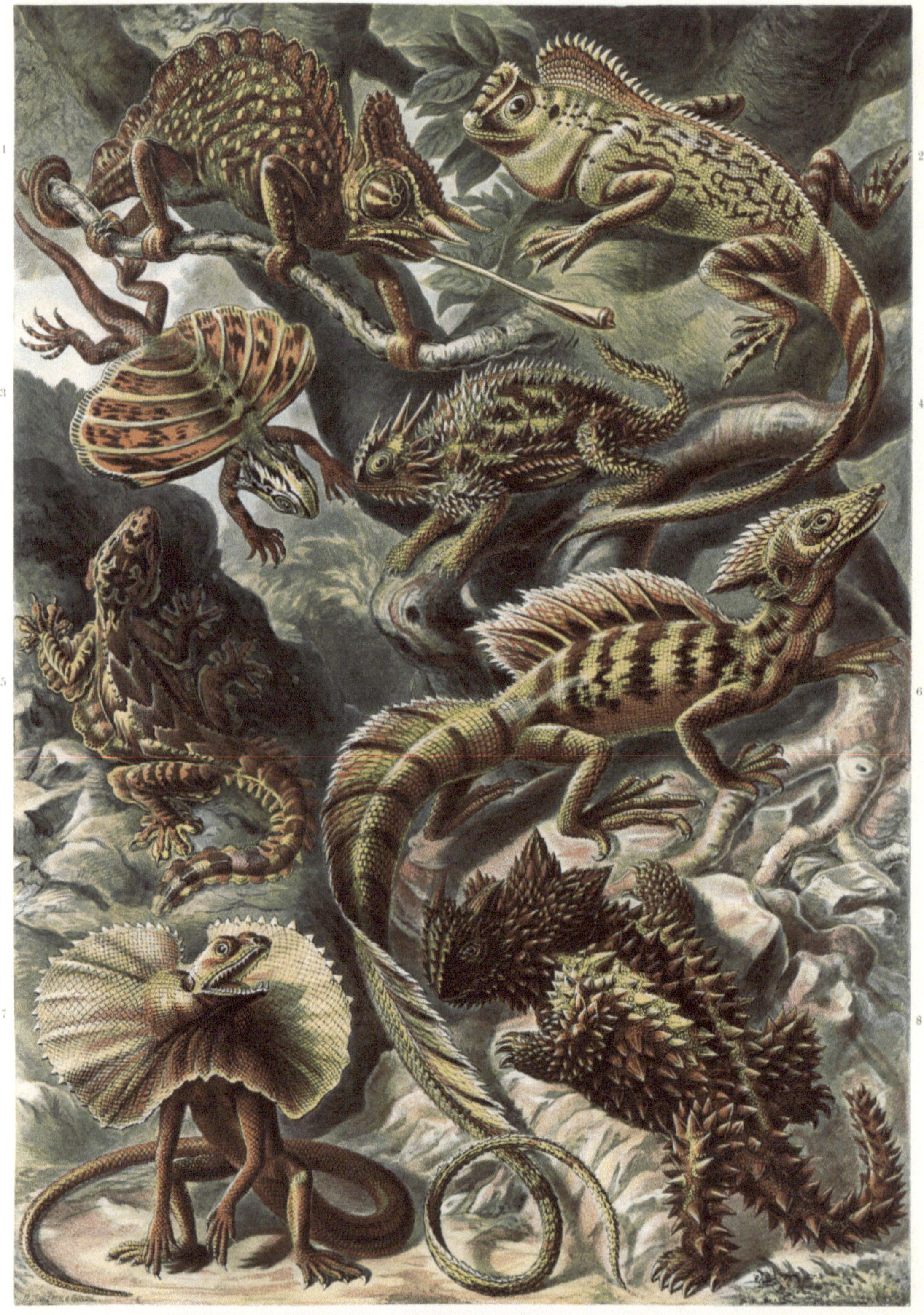

Lacertilia. — Eidechsen.

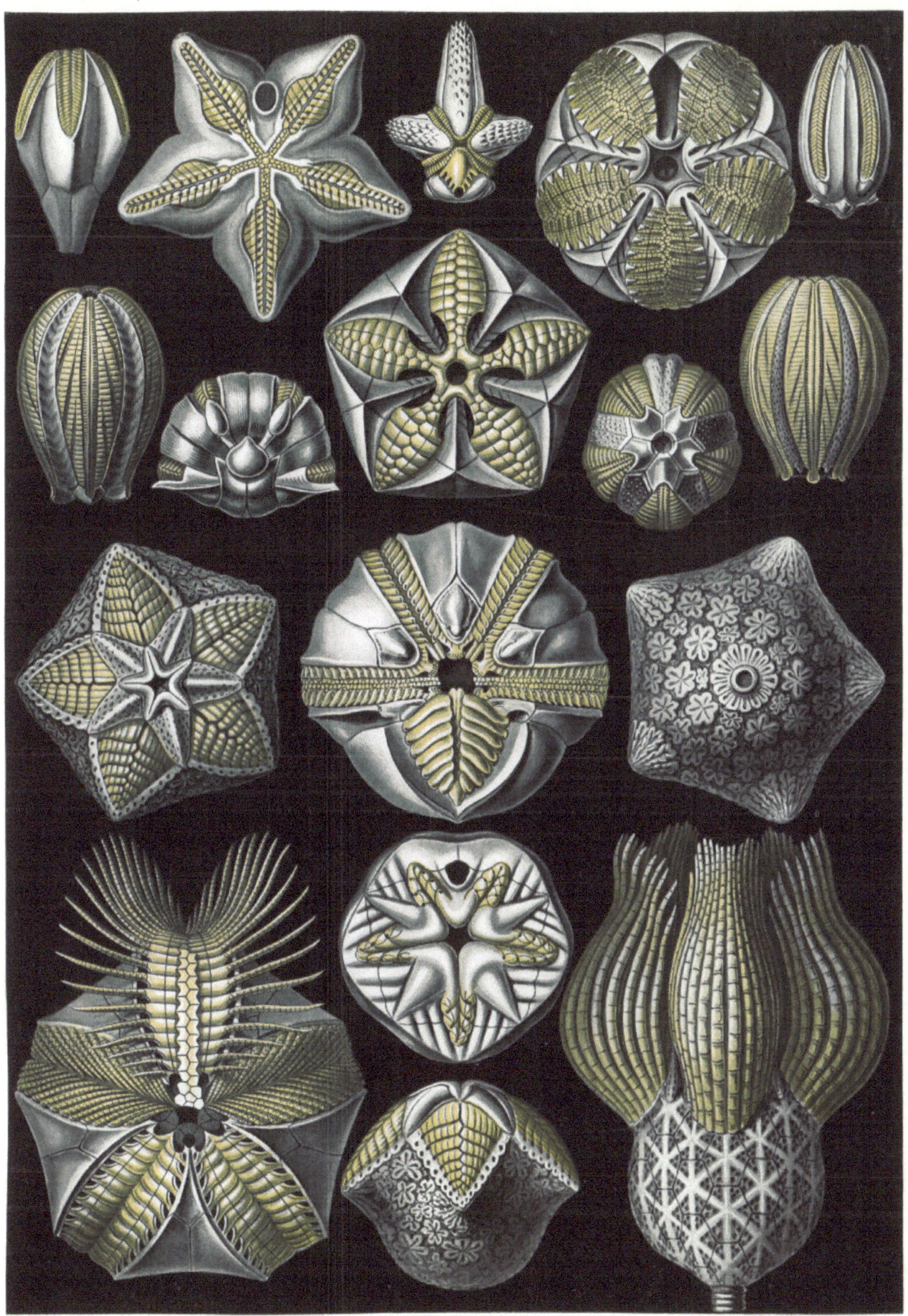


Blastoïdea. — Knospensterne.

Haeckel, *Kunstformen der Natur.* Tafel 81 — *Lagena.*

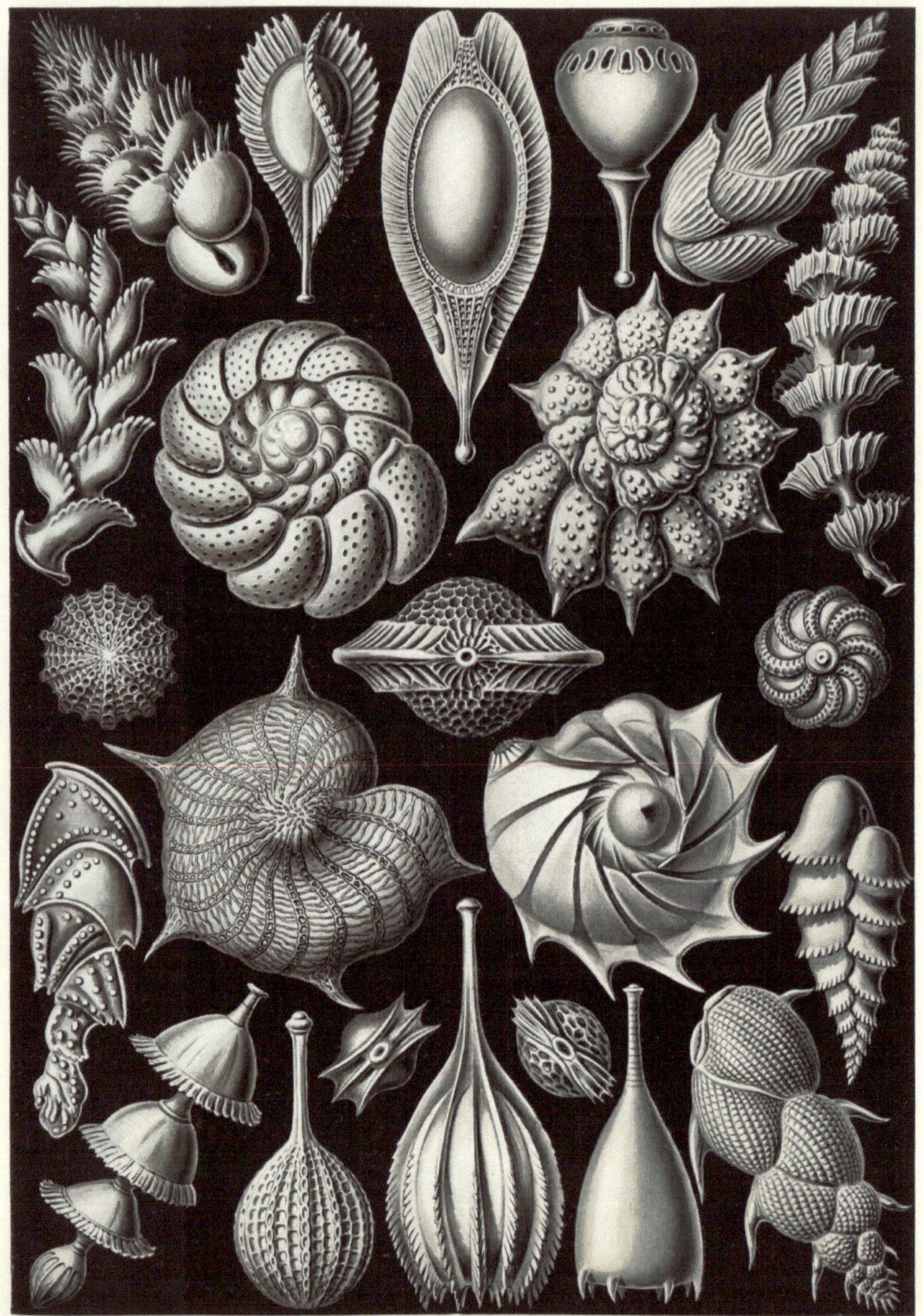

Thalamophora. — Kammerlinge.

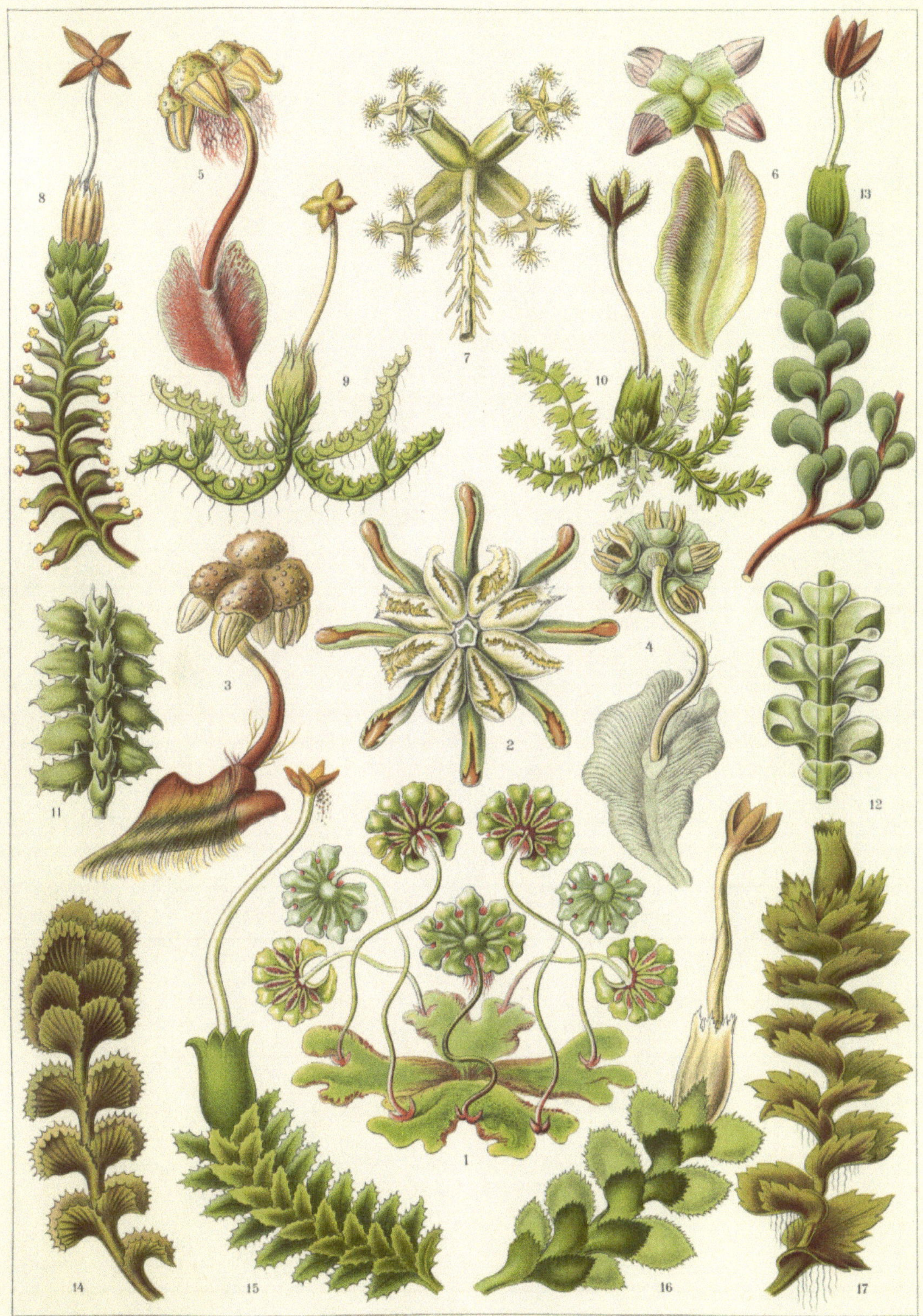


Hepaticae. — Lebermoose.

Haeckel, Kunstformen der Natur.
Tafel 83 — Cladonia.

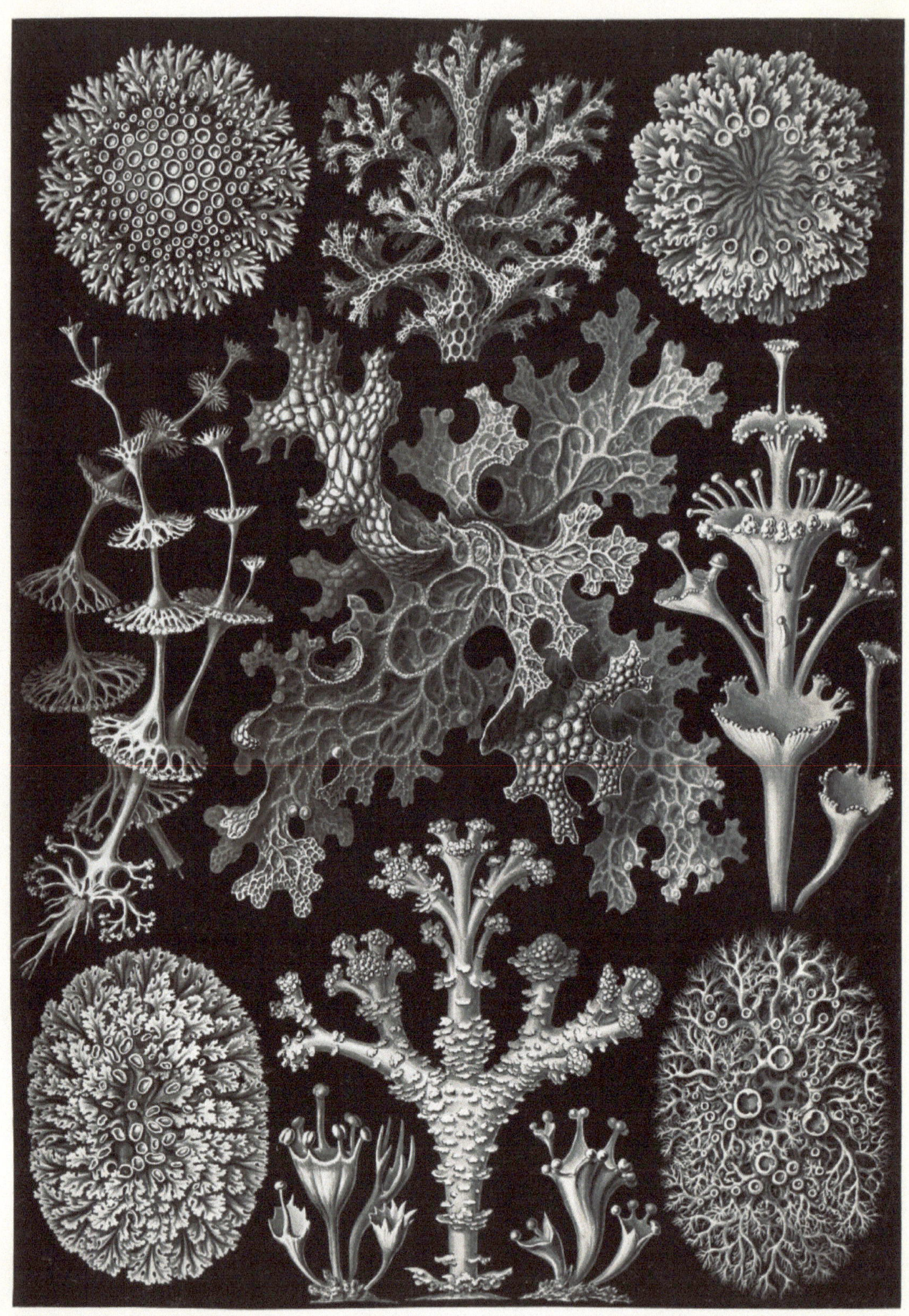

Lichenes. — Flechten.

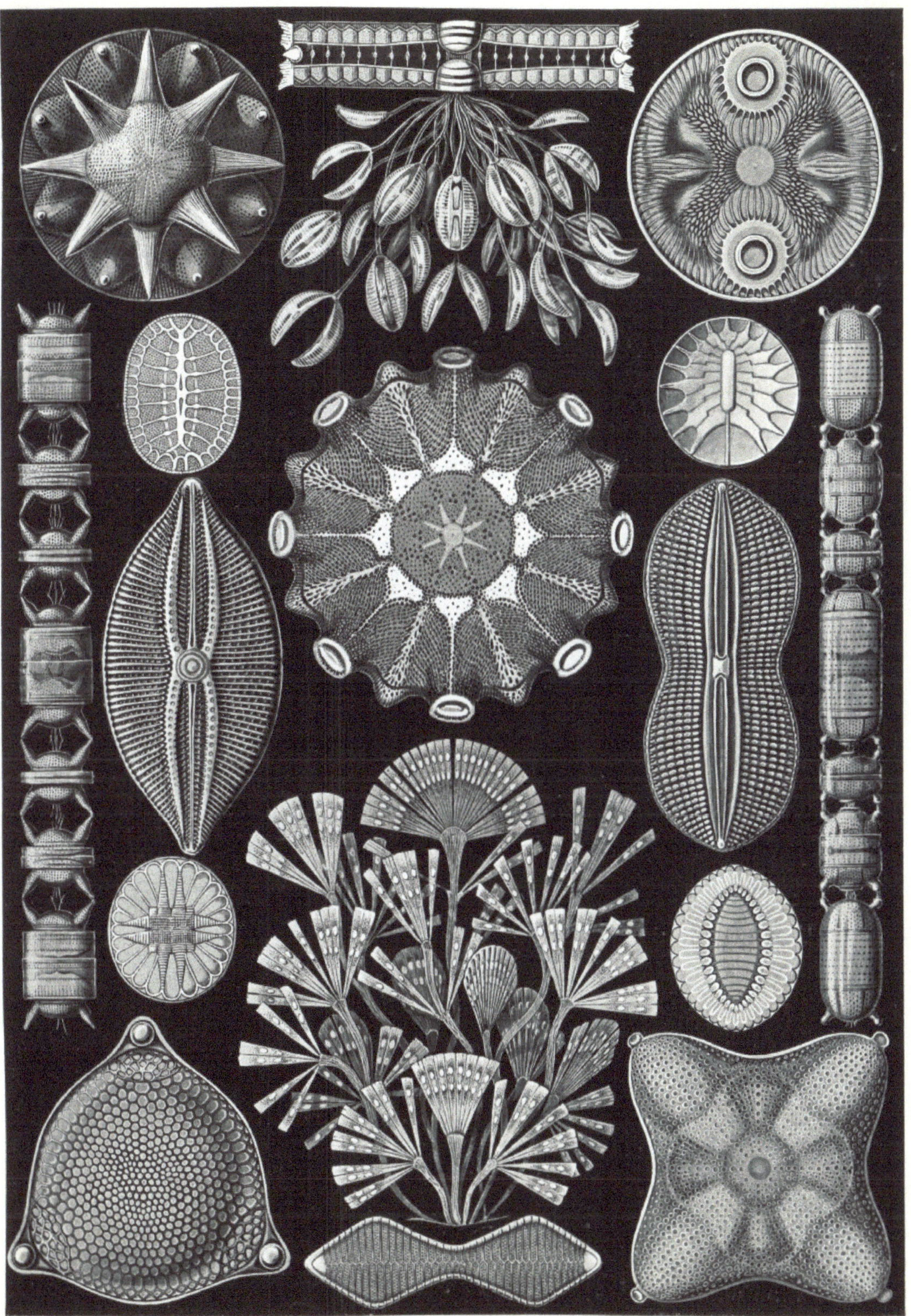



Diatomea. — Schachtellinge.

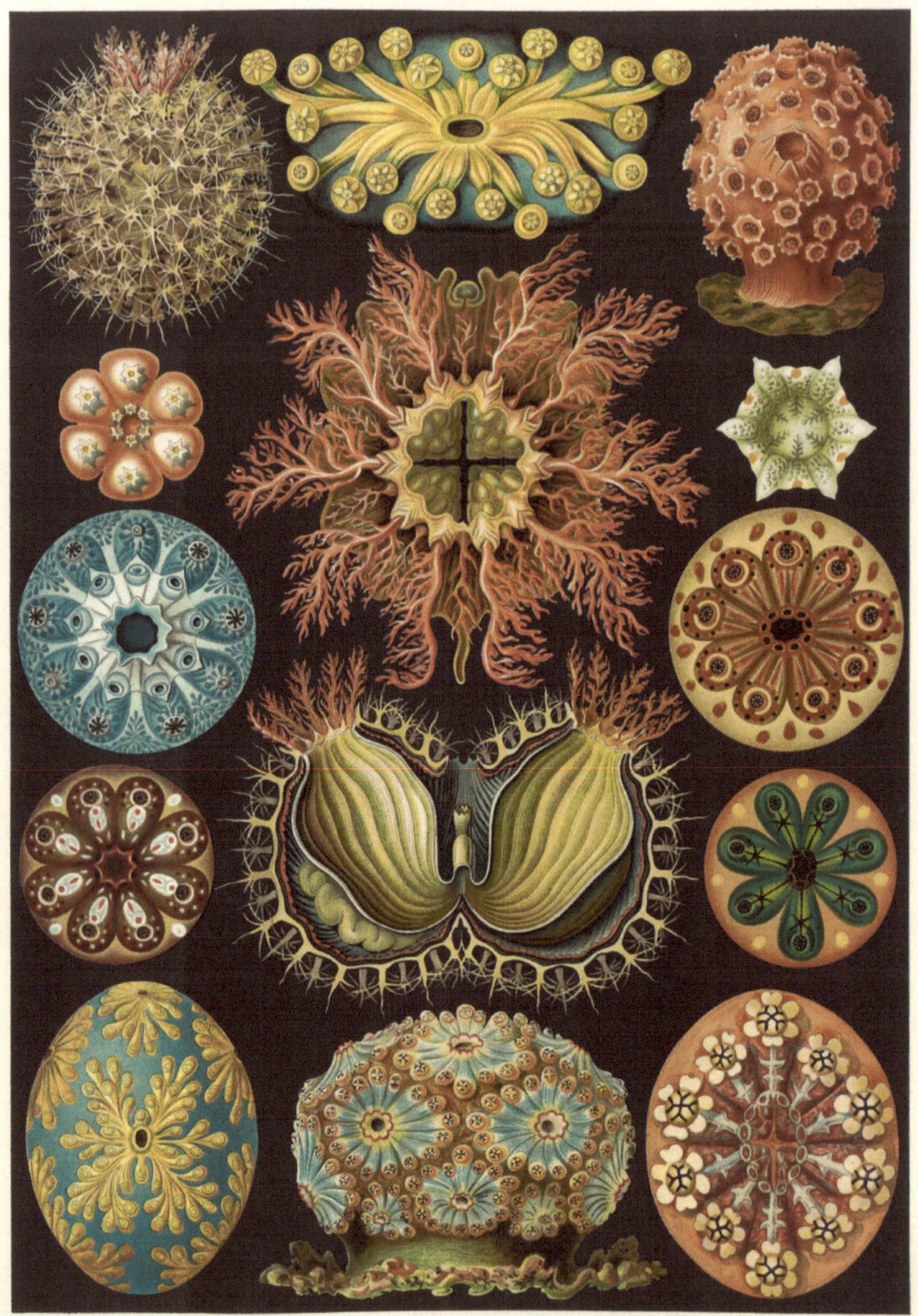



Ascidiae. — Seescheiden.

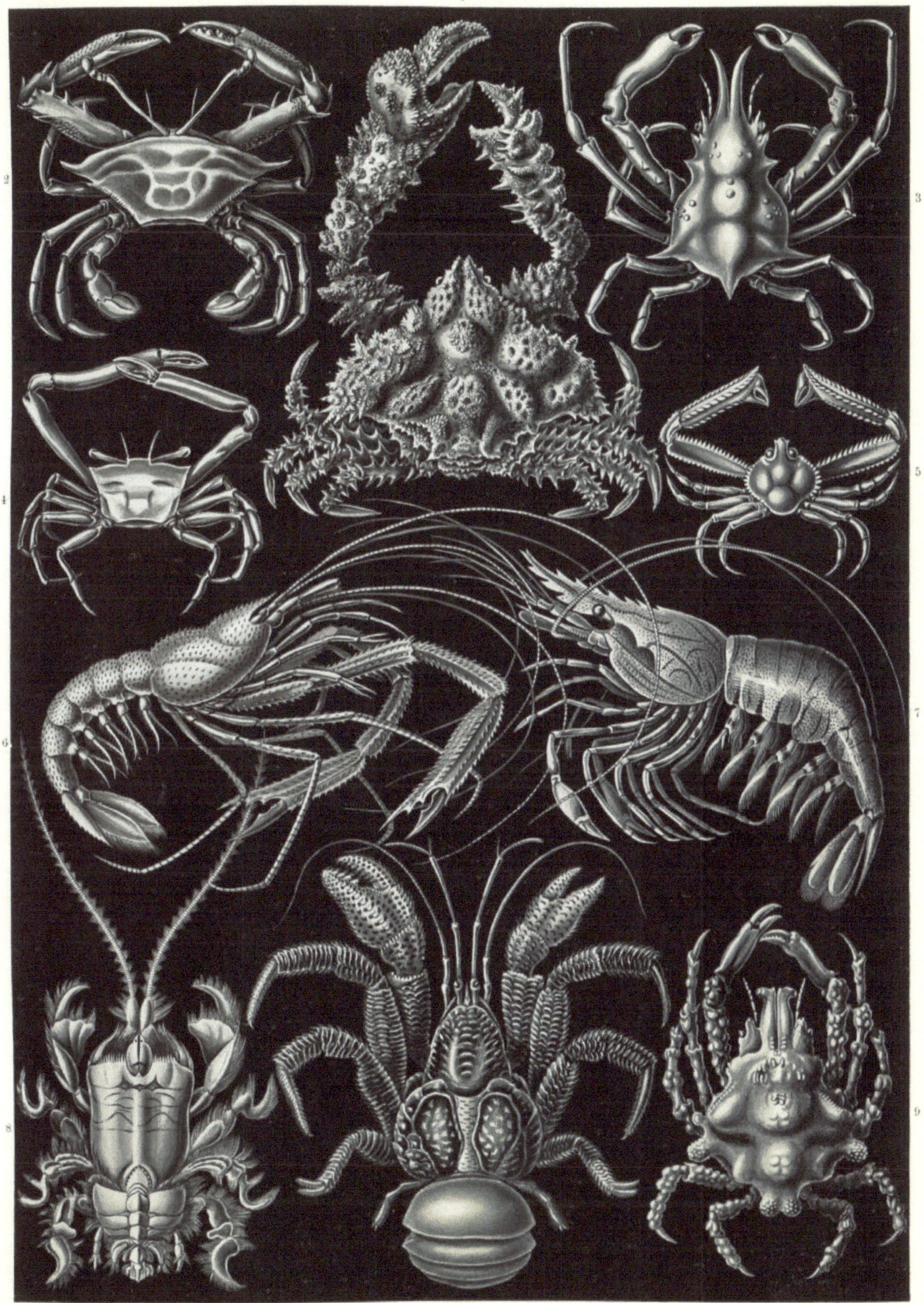
Haeckel, Kunstformen der Natur.
Tafel 86 — Parthenope.
Decapoda. — Zehnfußkrebse.

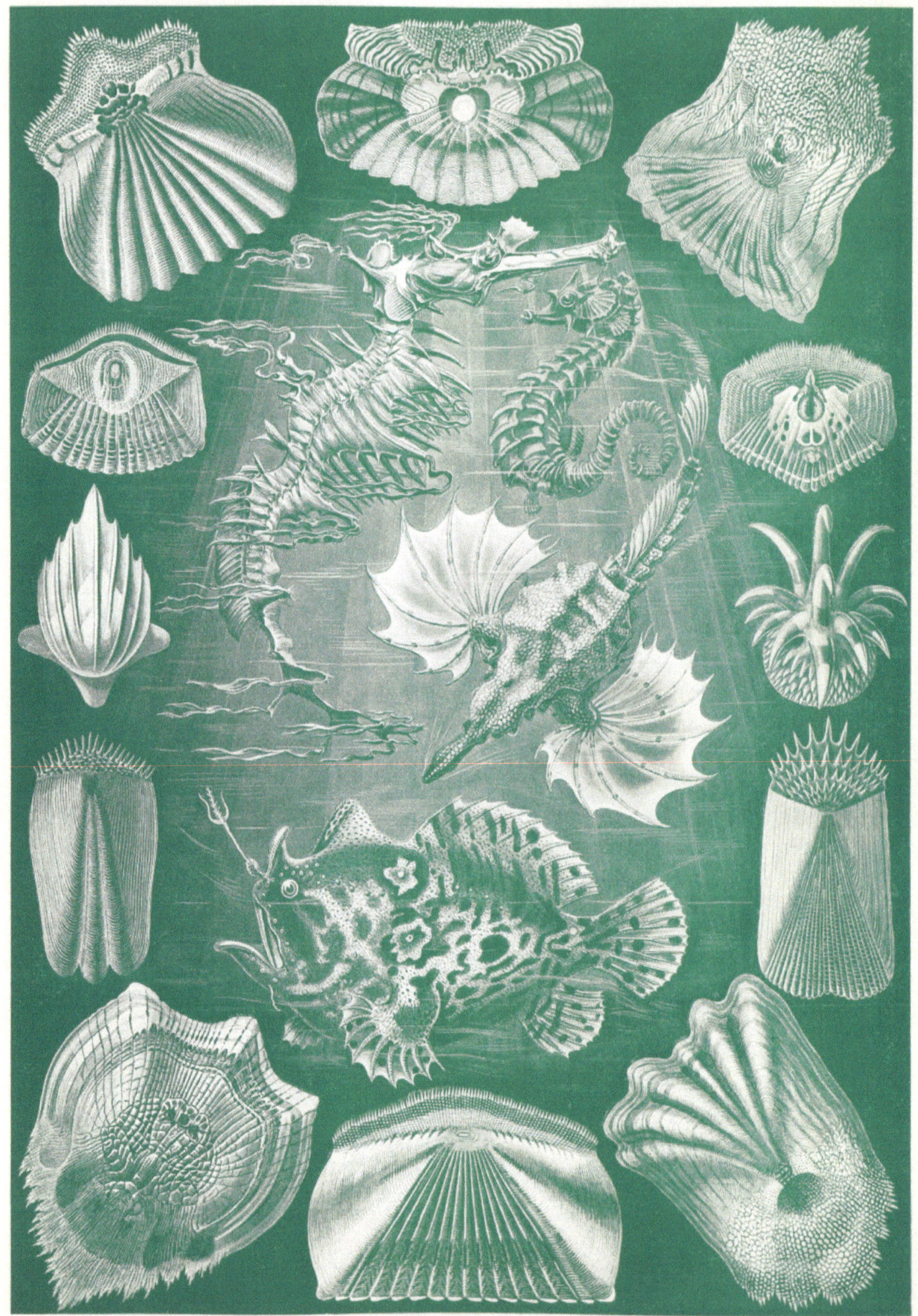


Teleostei. — Knochenfische.

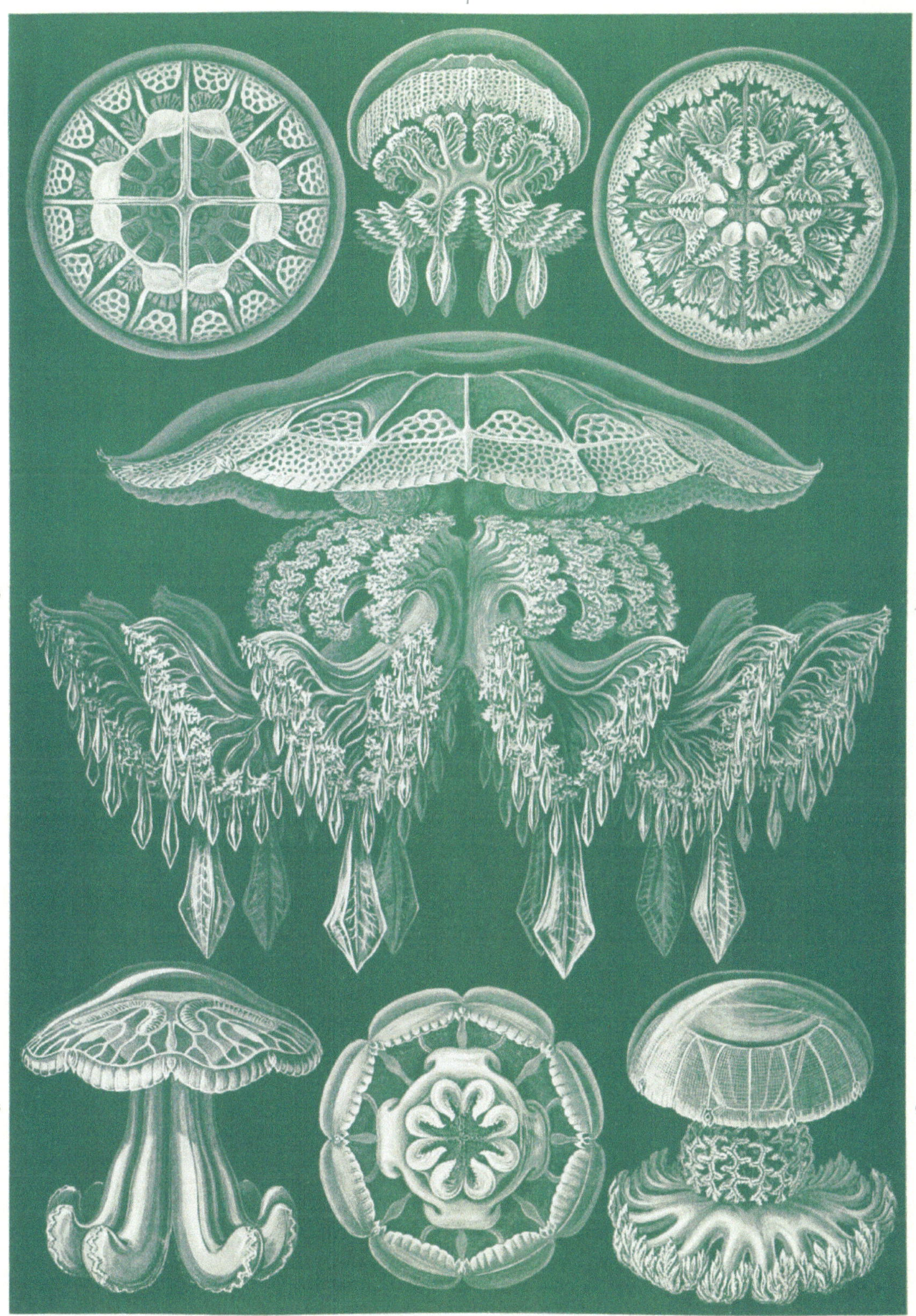



Discomedusae. — Scheibenquallen.

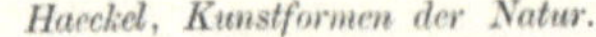

*Haeckel, Kunstformen der Natur.*                          Tafel 89 — *Testudo.*

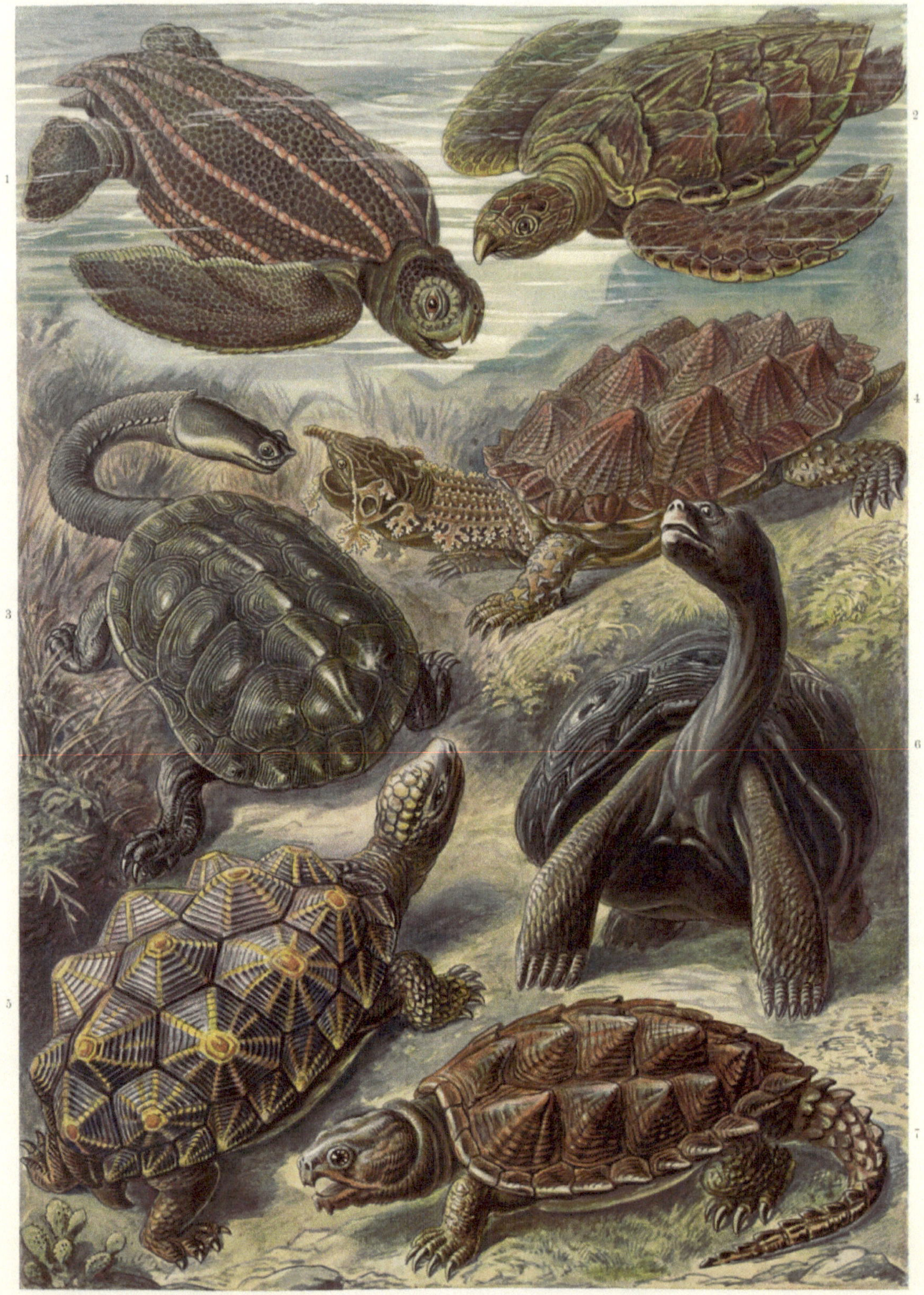

Chelonia. — Schildkröten.

Haeckel, Kunstformen der Natur.

Tafel 90 — Callocystis.

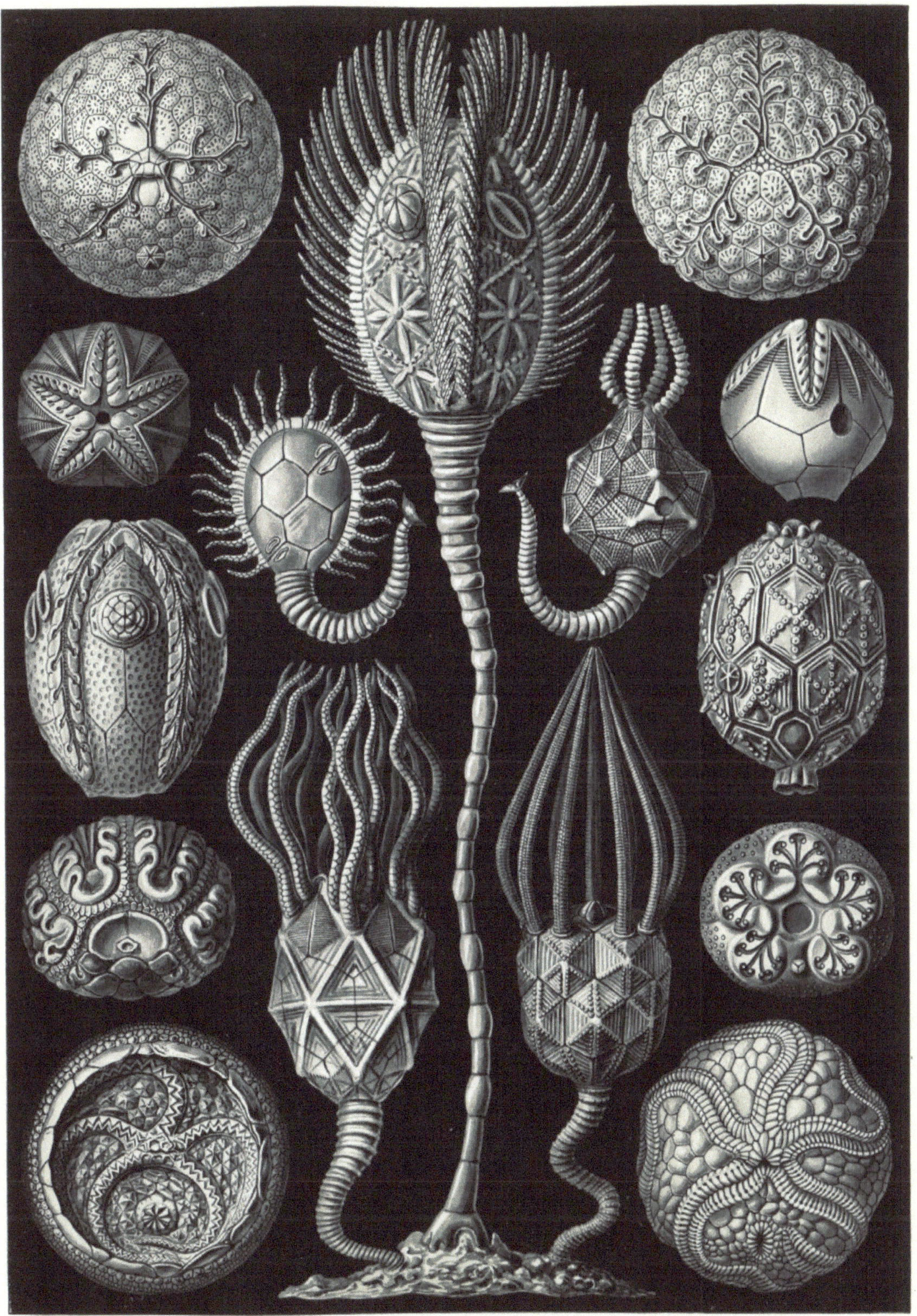

Cystoidea. — Beutelsterne.

*Haeckel, Kunstformen der Natur.*  *Tafel 91 — Astrosphaera.*

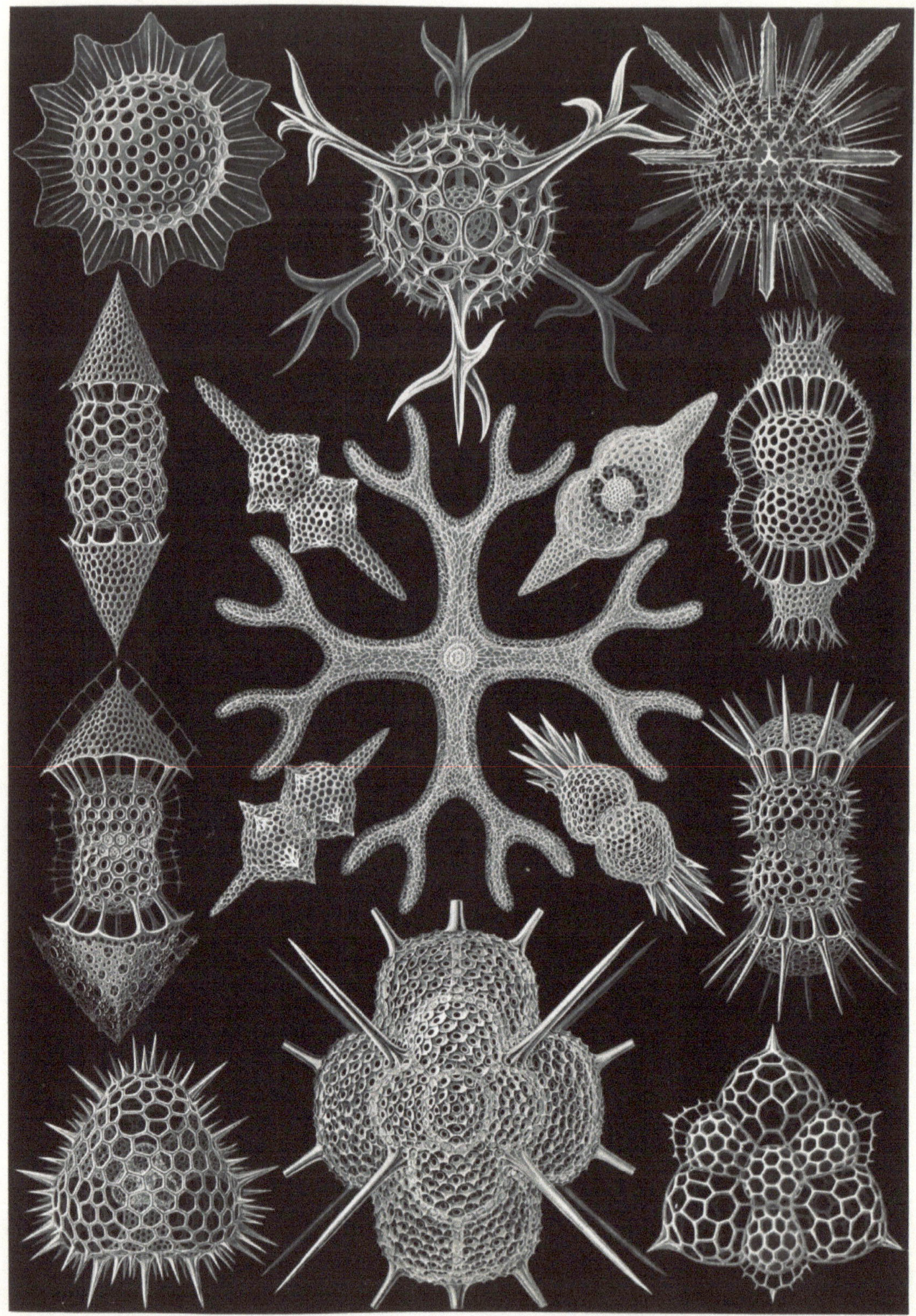

Spumellaria. — Schaumstrahlinge.

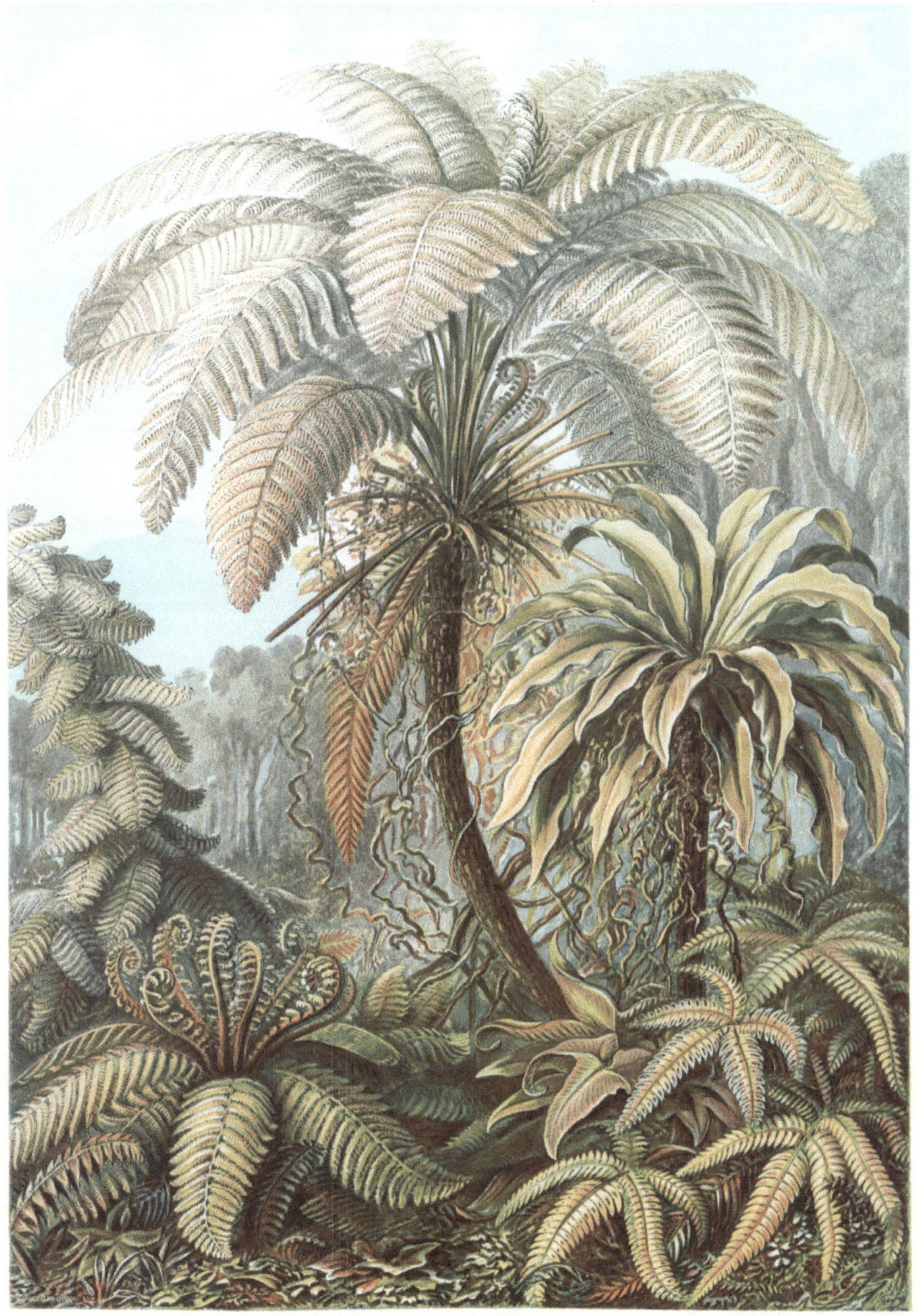

Filicinae. — Laubfarne.

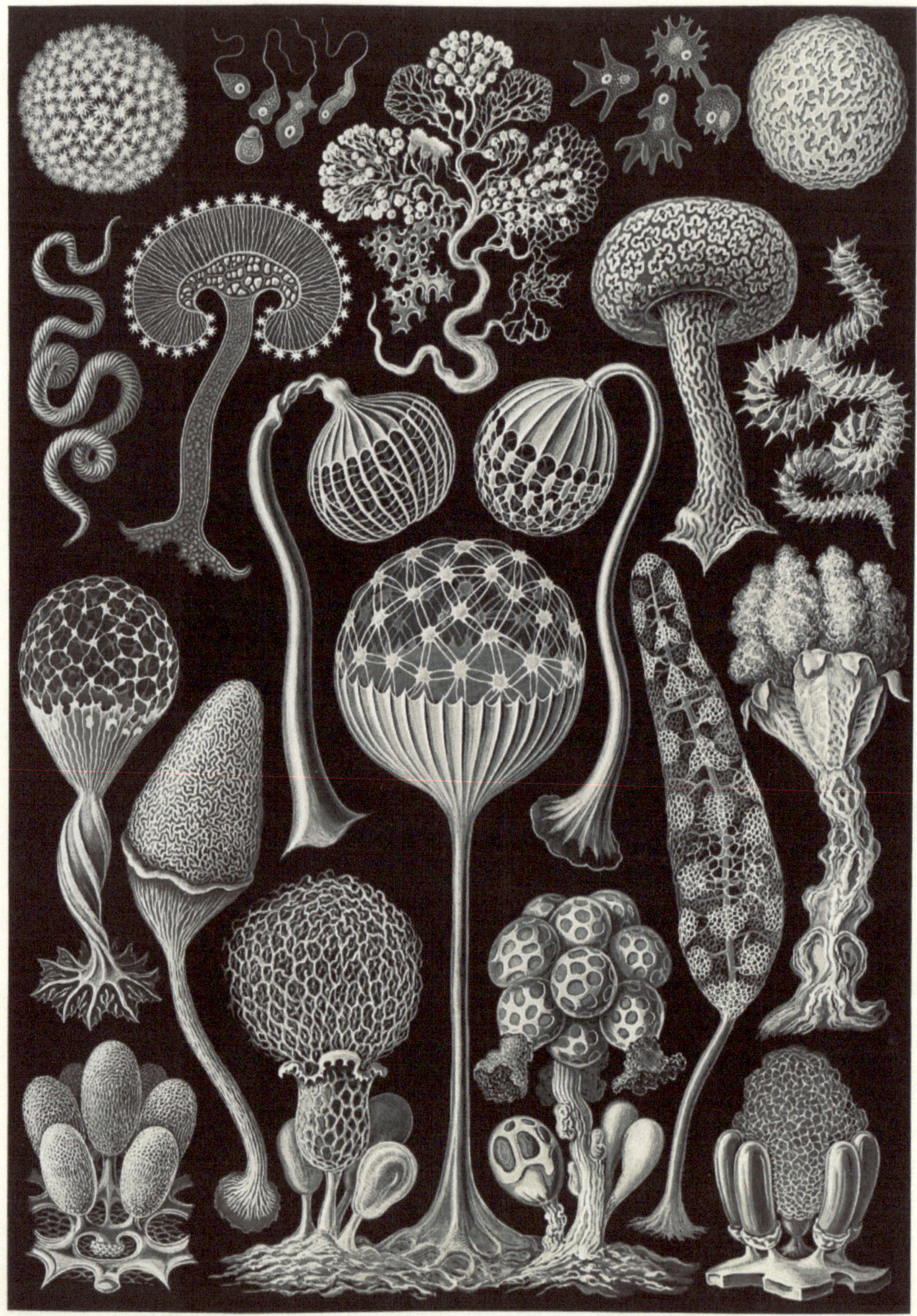



Mycetozoa. — Pilztiere.

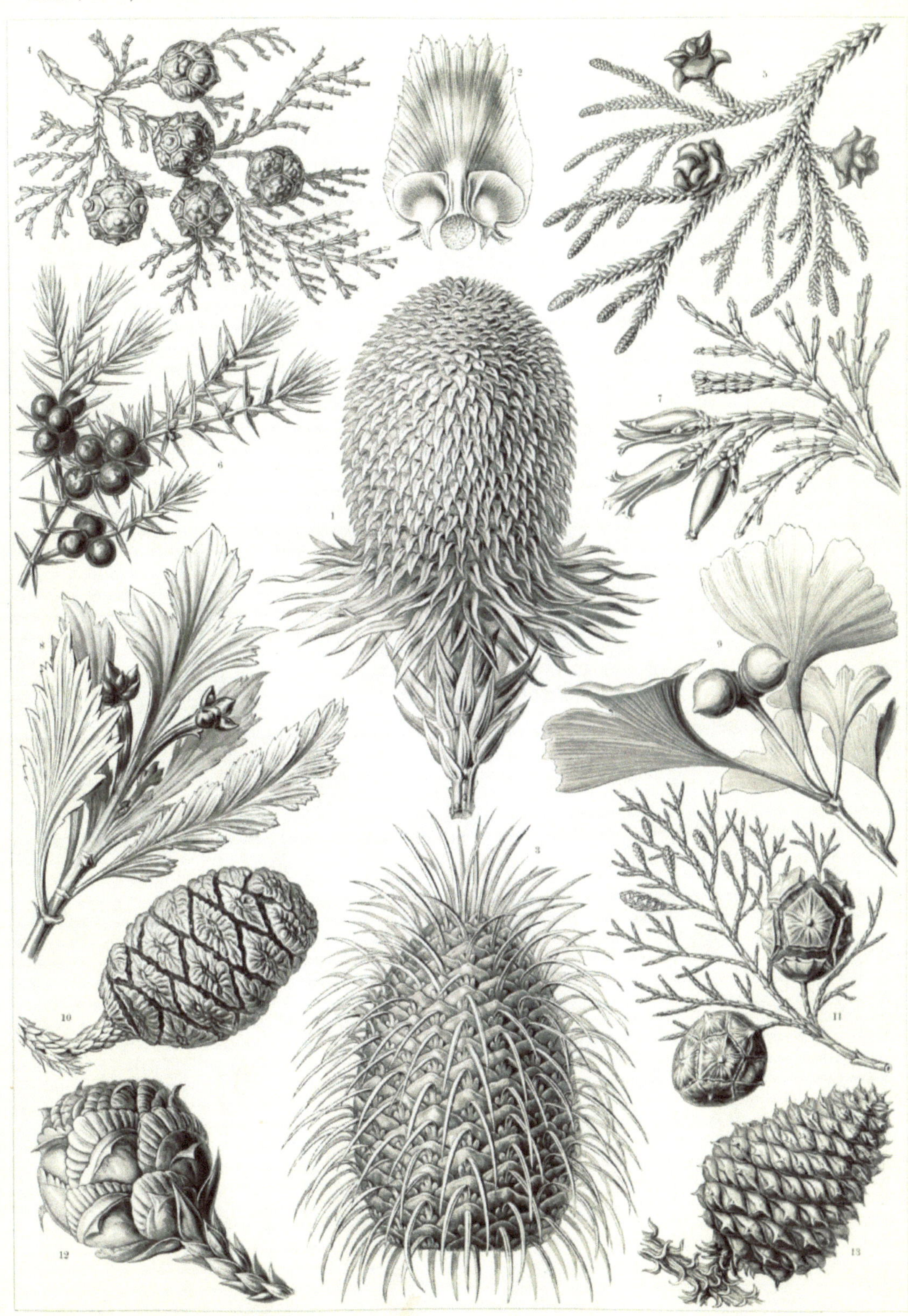



Coniferae. — Zapfenbäume.

*Haeckel, Kunstformen der Natur.*　　　*Tafel 95 — Placocystis.*

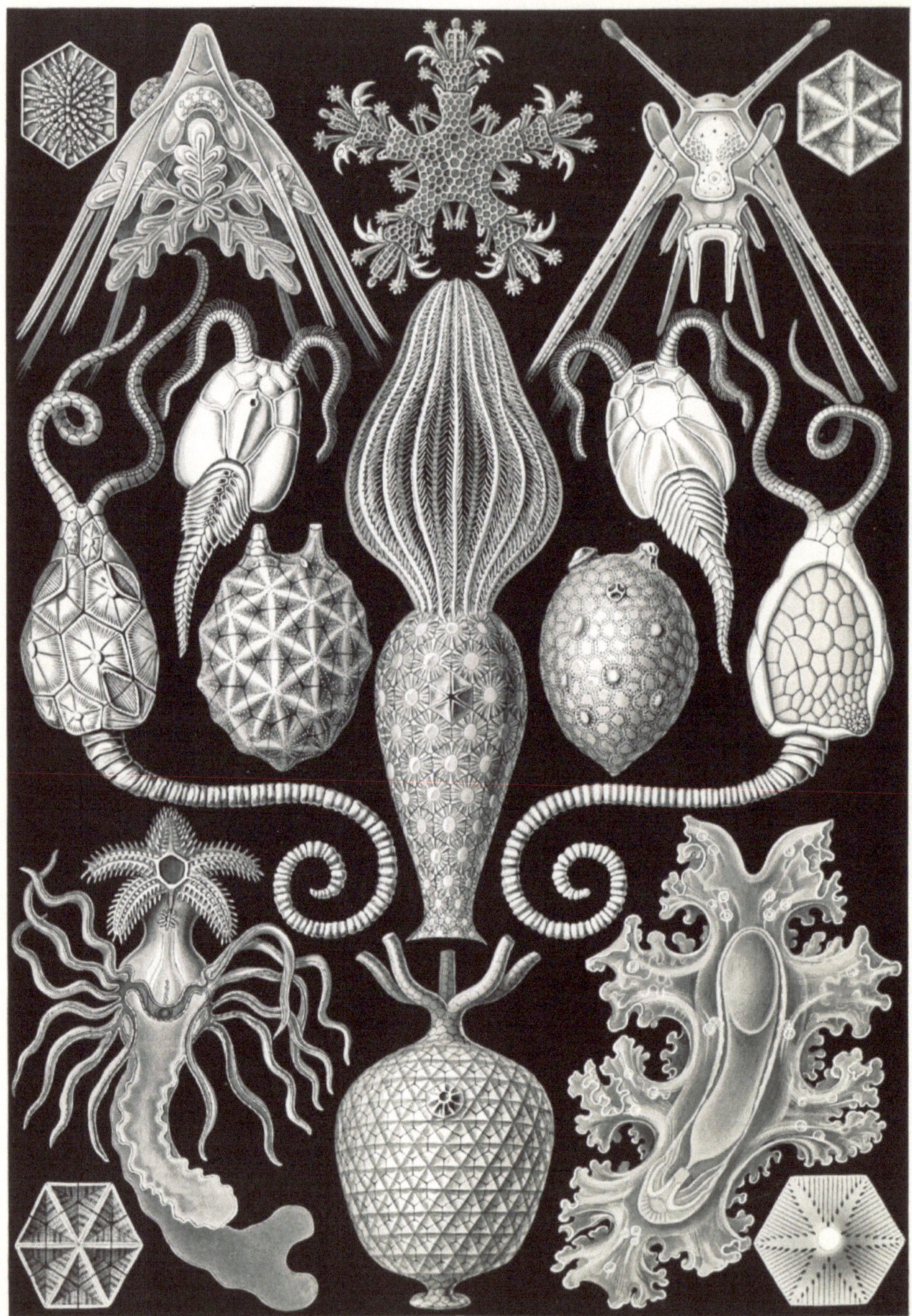

**Amphoridea. — Urnensterne.**

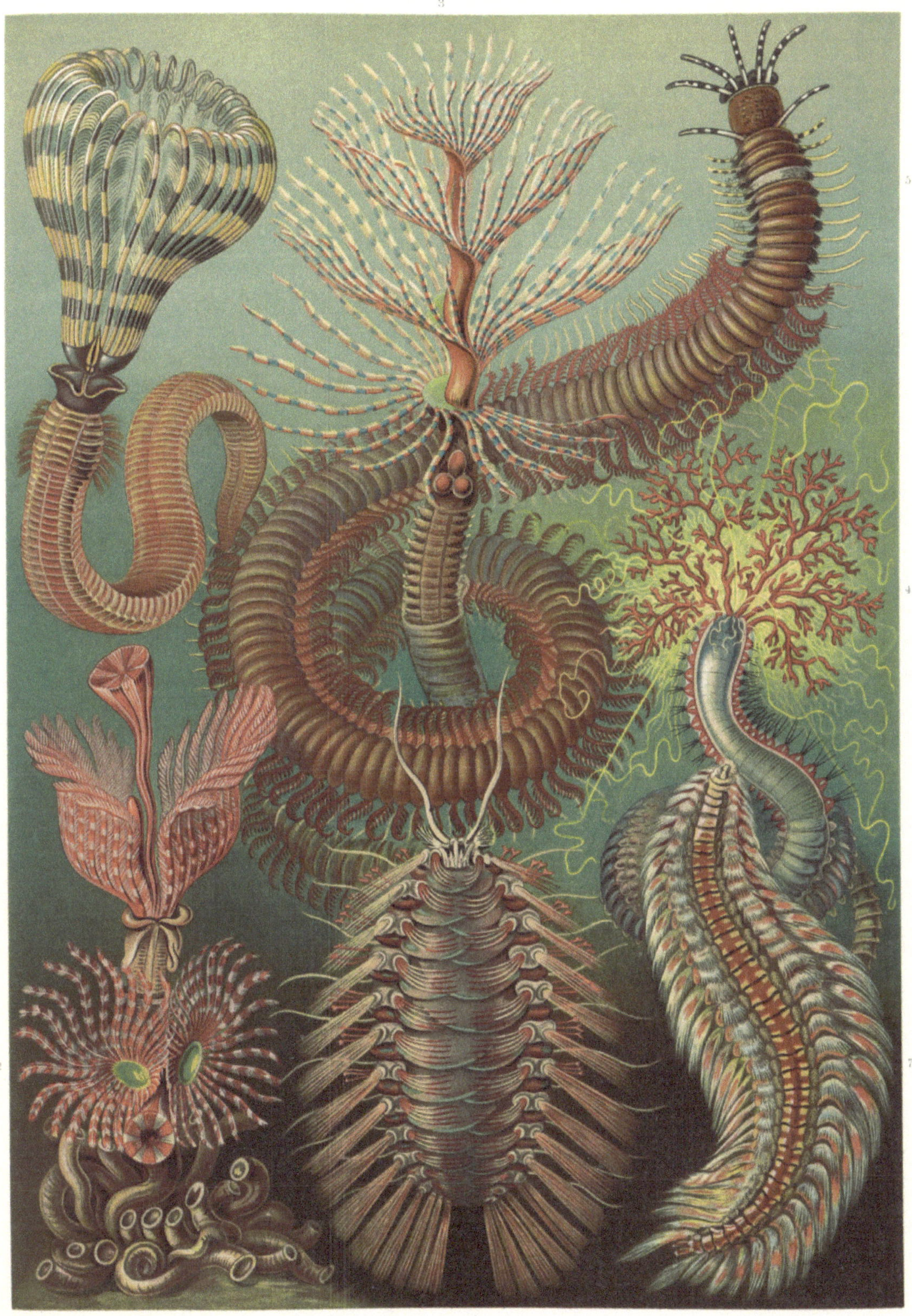


Chaetopoda. — Borstenwürmer.

*Haeckel, Kunstformen der Natur.*                    Tafel 97 — *Terebratula.*

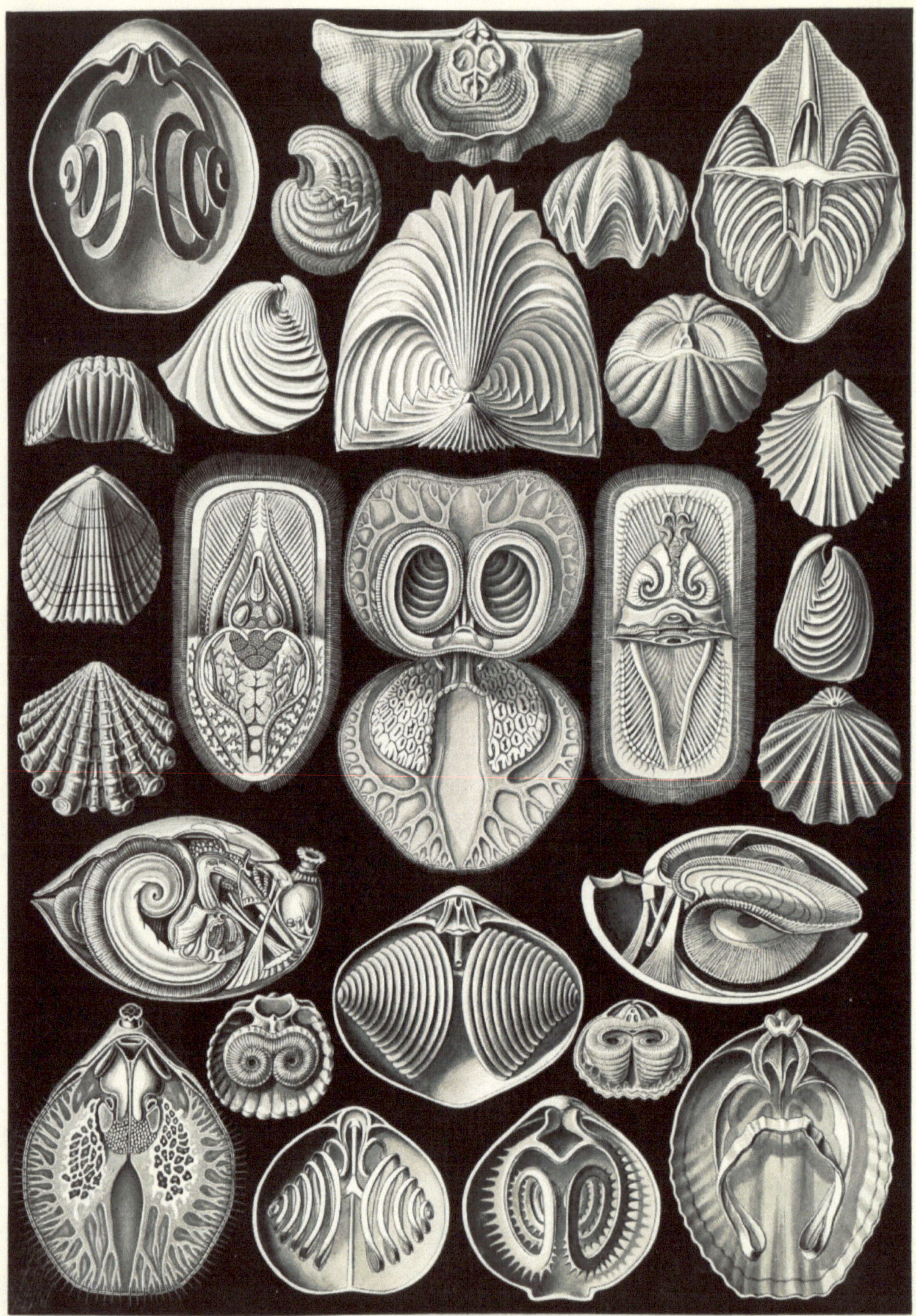

## Spirobranchia. — Spiralkiemer.

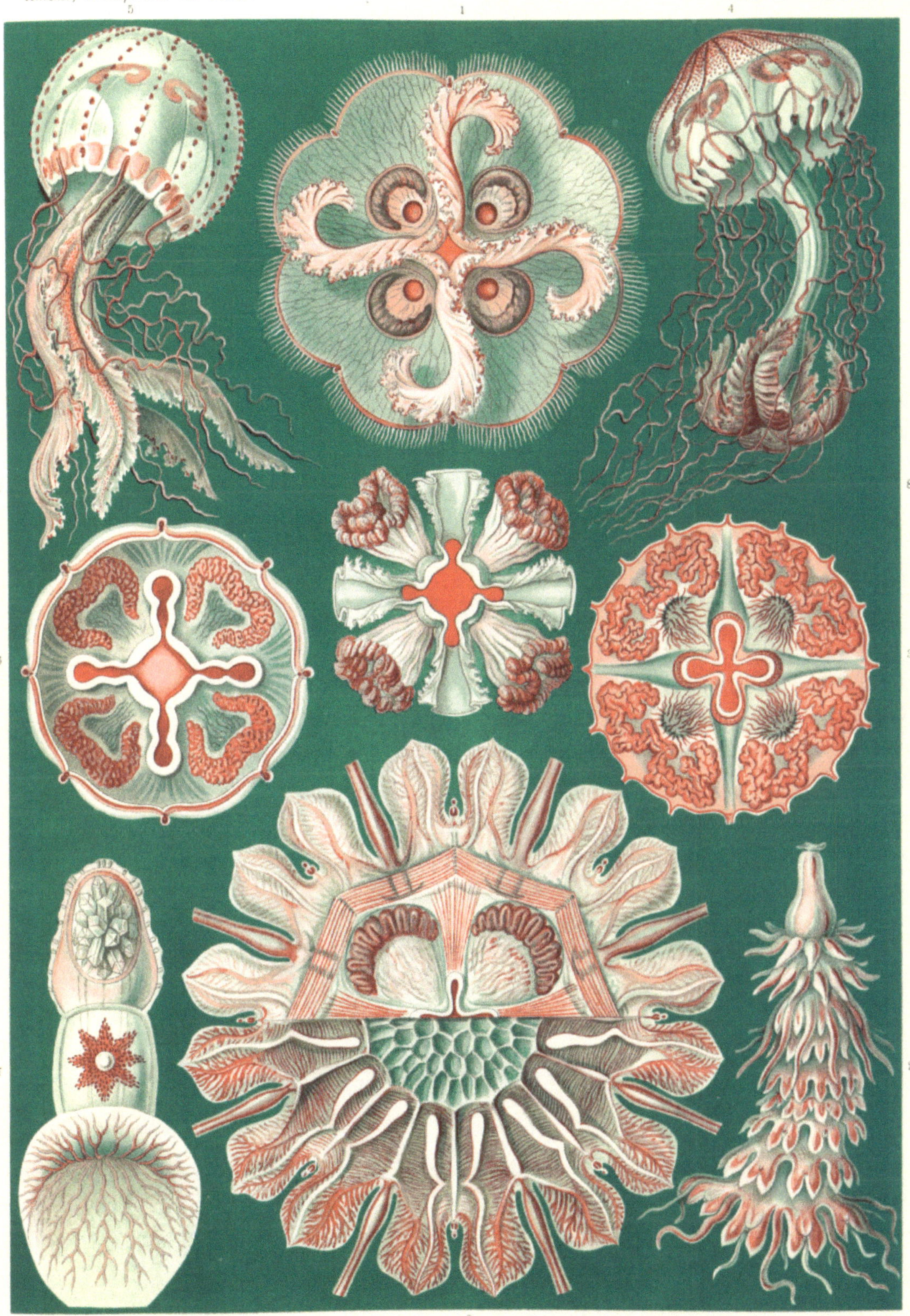
Haeckel, Kunstformen der Natur.
Tafel 98 — Aurelia.
Discomedusae. — Scheibenquallen.

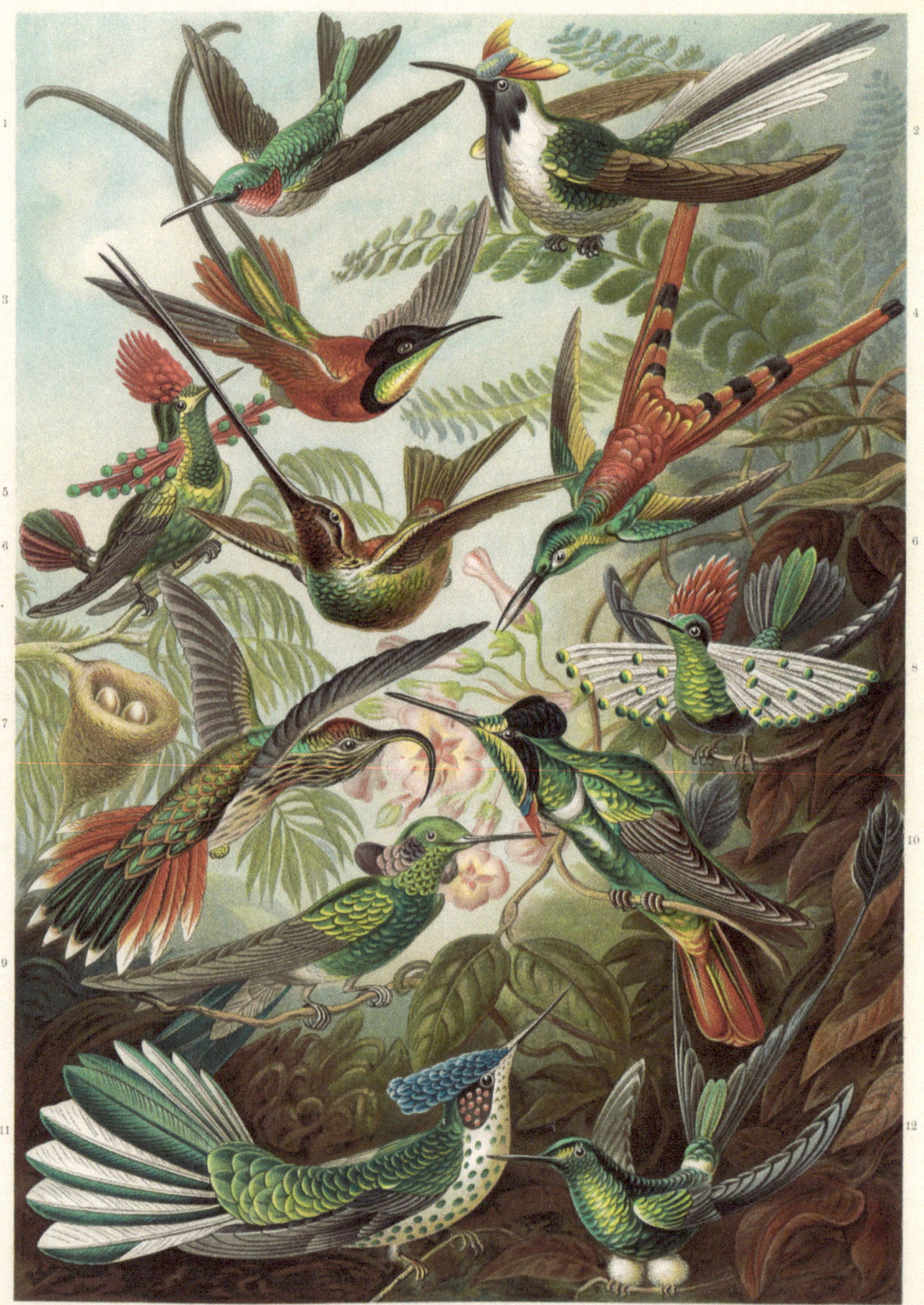


Trochilidae. — Kolibris.


TROCHILIDAE. - KOLIBRIS

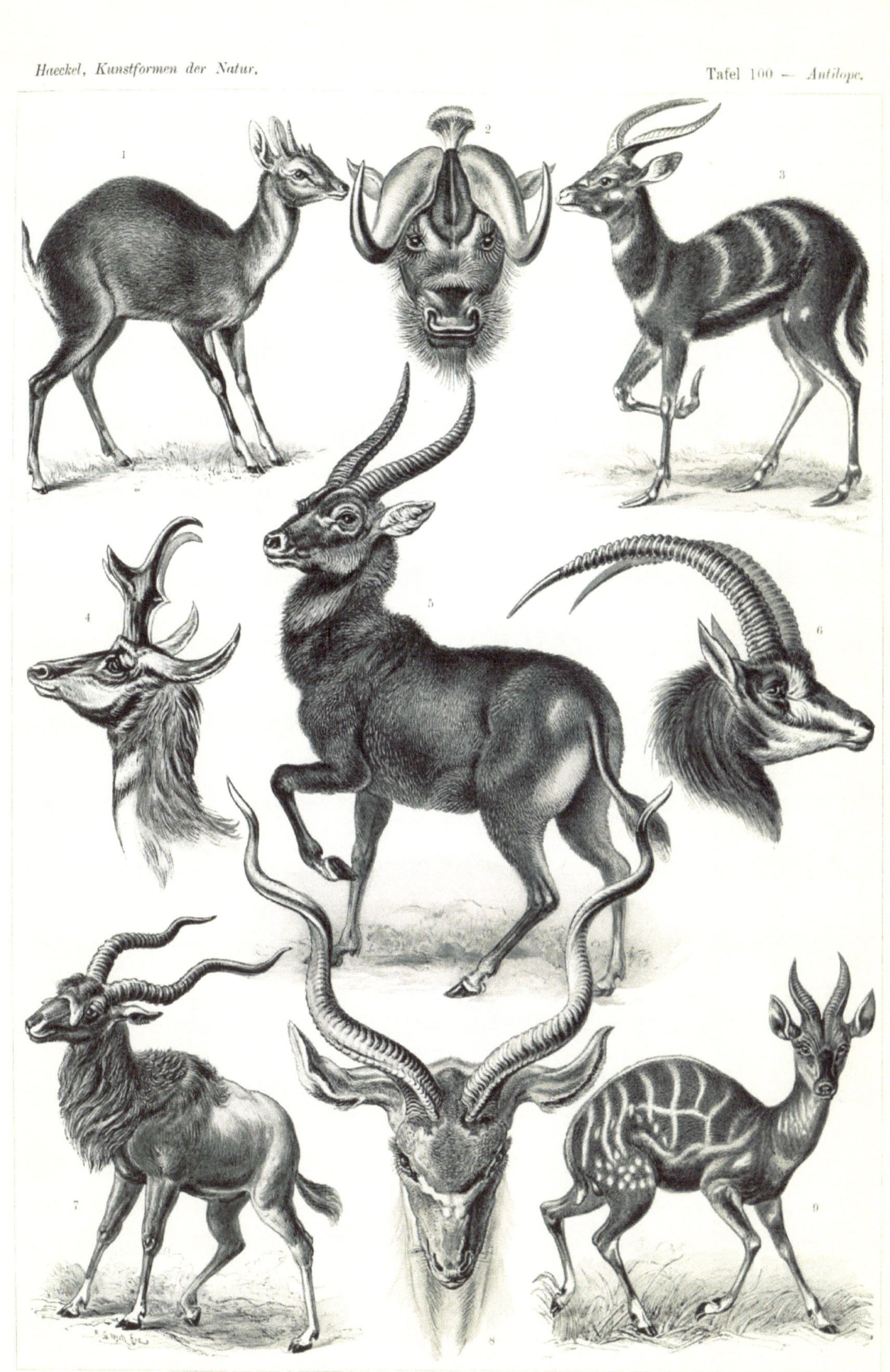



Antilopina. — Antilopen.

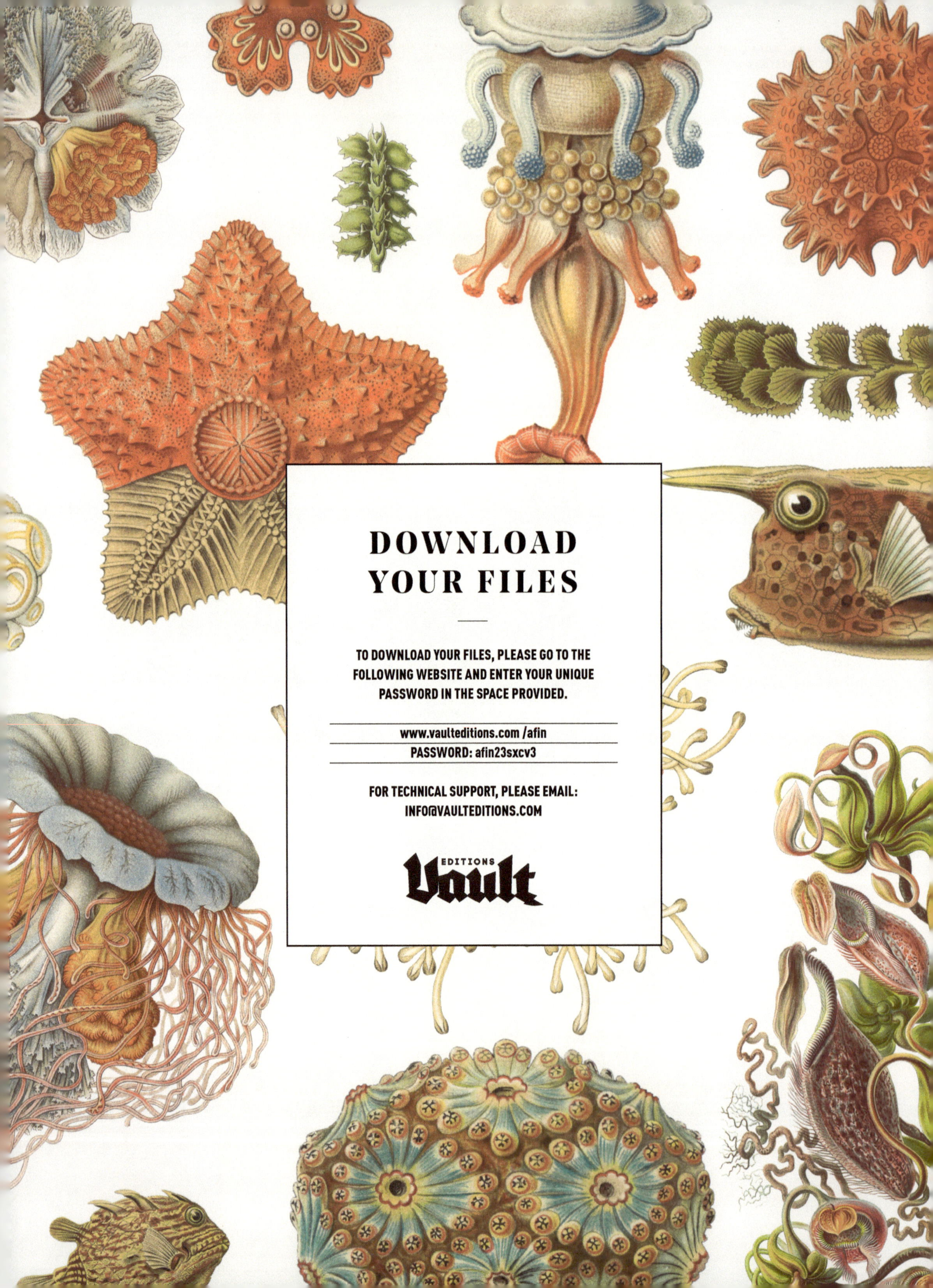

# DOWNLOAD
# YOUR FILES

—

TO DOWNLOAD YOUR FILES, PLEASE GO TO THE
FOLLOWING WEBSITE AND ENTER YOUR UNIQUE
PASSWORD IN THE SPACE PROVIDED.

www.vaulteditions.com /afin

PASSWORD: afin23sxcv3

FOR TECHNICAL SUPPORT, PLEASE EMAIL:
INFO@VAULTEDITIONS.COM

EDITIONS
**Vault**